고향 가는 길

고향가는 길

초판 인쇄 · 2001년 6월 15일
초판 발행 · 2001년 6월 25일

지은이 · 김열규
펴낸이 · 최정헌
펴낸곳 · **좋은날**
주소 · 서울시 서대문구 충정로 3가 8-5호 동아 아트 1층
전화번호 · 392-2588~9
팩시밀리 · 313-0104

등록일자 · 1995년 12월 9일
등록번호 · 제 13-444호

값은 표지 뒷면에 있습니다.
ISBN 89-86894-92-0 03810
*잘못된 책은 바꿔 드립니다.
*저자와의 협의에 의해 인지를 생략합니다.

잃어버린 마음의 고향을 찾아서

고향가는 길

김열규 지음

좋은날

■ 서문

'하루살이'

이 말로는 누구나 허무감에 젖는다. '뜬 세상'의 경우도 다를 바 없다. 그렇다면 '뜬 살이'는 어떨까?

오늘날, 한국 총 인구의 대부분은 '뜬 살이'를 살고 있다. 사람이 뿌리 내리지 못하는 세상이 '뜬 세상'의 또 다른 의미라면 우리들은 뜬 세상의 뜬 살이들이다.

'이식(移植)당한 존재' — 고향 떠나서 도시에 얹혀서 사는 사람들은 그런 존재들이다. 타향에 얹혀서 살고 거기서 더부살이를 하고 있다. 그들은 어떤 의미로든 '세계 안 존재'가 아니다. 그들은 구름이요 바람이다.

인간은 대부분 아브라함과 오디세이를 겸해 있다. 광야를 헤매는 아브라함, 그는 낯선 곳, 미지의 곳을 향해서 떠난다. 그는 거기서 무엇인가를 구하면서 떠돈다. 그런가 하면 인간은 또 대부분 고향으로 돌아가고자 기를 쓴다. 전쟁을 치른 영웅으로서도 귀향하기가 되려 더 큰 모험이요 시련이었던 오딧세이, 그에게서 고향이야말로 가장 값진 구함이었다.

인간은 누구나 아브라함과 오딧세이 사이에 있다. 때로는 기를 쓰고는 아브라함이다가도 때로는 억척같이 오딧세이가 된다.

하지만 워낙 오딧세이가 그의 장도(壯途)를 아브라함으로서 시작하고 있다는 바로 그 점에 유념하고 싶다. 그는 아! 돌아가기 위해서 떠난 사람이다. 그의 떠나감은 되돌아 옴으로 대단원을 맞이했다.

그는 구름이다가 바람이다가 드디어는 구름의 떠돌이하는 여세로, 바람의 표랑하는 몸짓으로 뿌리가 된 것이다. 다름 아닌 뿌리가 되었다.

야구의 목적은 결국은 '홈 커밍'에 있다. 우리의 윷놀이 또한 '돌아오기'를 위한 게임이기로는 야구와 다르지 않다. '오딧세이'가 그렇듯이 한국의 중세기의 거의 대부분의 소설은 '홈 커밍 스토리'였다. 이 점은 범인류적이다. 오늘날 인공 위성의 우주여행 또한 '홈 커밍 스토리'로 마감한다. 그것은 영화 'ET'의 방위를 역으로 돌려 놓은 것이다.

'하이마트 로제', 고향 상실이란 뜻으로 릴케가 즐겨 쓰던 말이다. 그는 그 말에다가 현대인의 존재론을 담으려 들었다. 하이데거는 횔더린의 「귀향」이란 시를 풀이하면서 그의 철학에서 릴케를 흉내내고자 했다.

이 책은 우리들의 오늘의 아브라함에게 오딧세이의 속말을 전하고자 한다. 우리들 누구나 이 책으로 우리들 각자의 이타카로, 고향으로 돌아갈 수 있기를 바란다.

이 책이 나오는 데는 부산일보사의 도움이 컸다. 거기 연재한 '민초의 시학'은 이 책의 초고가 되었다. 사진 자료도 대다수 거기서 구해진 것이다. 일부 사진을 주신 경남은행 본점의 신병철 과장님과 사진작가 강운구 님의 도타운 정에 고개 숙인다.

그 연재가 눈에 들어서 기꺼이 출판을 권유한 '좋은날'의 좋은 우의(友誼)에도 감사드린다.

2001년 모짤트의 계절 5월, 자란만에서

| 차례 |

1장 그 산, 그 마을, 그 집에 가면

곰실의 초가삼간 어느 유언이듯이 남은 것 | 19
그 지붕 아래 서면 사라진 박덩굴, 서러운 아름다움 | 25
구들장, 아랫목 등 따습고 배부르니 | 31
덕유산, 검정 고무신 이름없는 남부군의 발자취 | 36
고갯길, 고개 마루에 서서 인생은 고개려니 | 43

2장 어머니, 아낙, 그리고 새댁을 찾아서

호미자루 녹이는 아낙들 손톱으로 바위 뜯어내는 어머니들 | 51
어느 새댁의 물병 부디 물이듯 섞이소서, 이 한 몸 | 57
불씨 지켜 오백 년 가문이라는 것, 전통이라는 것 | 63
장독대와 장독줄 아! 그 질긴 어미 자식의 인연 | 69
죽음의 우물 아버님, '돈진지' 드소서 | 74
마음 비운 여인의 푸른 돈 누르기 위해서도 욕망은 있으니 | 79

3장 비석과 돌에도 못다 새긴 목숨

님 맞이 가는 어머니를 위해서 　다리 건너듯 사랑도 건너는 것 | 87
어느 비석에 새긴 민의(民意) 　매비비(埋碑碑)라는 이름의 비석 | 93
개비(犬碑)도 있다더냐 　그 앞에 부끄러울 사람들 | 99
들돌이라니 　사내새끼들의 힘 겨루기 | 105

4장 그 귀한 지국을 뒤밟으면

돼지타령 　천하기에 더욱 귀한 것 | 113
북어풀이 　죽어서 되려 뻣뻣한 것 | 119
똥오줌 예찬 　뒷간의 사상 | 125
까치밥이 걸린 나무 　그 마지막 한 알의 사연 | 131
왜 못 먹어! 　보신탕을 위한 항변 | 138
낟알 털고 시름도 털고 　도리깨질 장단 | 143
난장판과 몽당연필 　그건 그런거지 뭐 | 149

5장 바위에 새겨진 에로스

벌거벗은 여자 포르노와 누드쇼 사이 | 157
그네 타는 오르가즘 풍속도의 진실 | 163
알몸의 사내들 숫사람과 수컷 사이 | 169
땅과의 사정(射精) 창과 씨앗의 사이 | 174
춤 추는 달 여성성과 우주 | 179

6장 귀양가듯 섬에 가면

허민(許民)이란 이름의 백성들 고구마굴에 묻힌 것들 | 187
욕지섬의 군장패와 바이칼호 죄는 스스로 밝혀라 | 192
설운장군 권력과 민초(民草) 사이에서 | 198

7장 삶만큼 그리운 죽음을 찾아서

삶의 노래   소쩍새 울음의 아리랑 | 205
푸른 눈의 조선인   양코우스키와 코리안스키 | 213
비석도 땀 흘리거늘   목숨은 곧 땀 | 218
죽어서 새가 되면   우주가 그리워서 | 223
초분, 그 초라한 무덤   초록빛 꽃망울이듯이 | 228
돌배 타고 가는   신라의 석주관(石舟棺) | 233
봉분이 의미하는 것   관들이와 가봉(假縫) | 239

8장 머나먼 세계의 끝이듯이

할머니들의 고추 따먹기   집인 씨지키미들 이야기 | 247
목숨 열리게 한 물   정화수에 담긴 종교심성 | 251
구들, 냉돌 사회에서 생각하는 우리들의 구들목   한국인 제2의 살꽃 | 256
어느 장독대의 사연   아! 정이라는 것, 연줄이라는 것 | 262
남해 바다의 섬들   고독끝의 서정들 | 268

| 고향의 들머리에 바치나니 |

아! 우리들의 마당이여

   지금도 우리에게 마당이 있을까?
   오늘 우리는 물론 우리들 나름의 시공(時空)을 누리고 있을 것이다. 한데도 우리에게 다른 공간은 몰라도 마당은 마땅하게 있는 것 같지 않다. 사이버 공간의 넷티즌이 대행할 거리고 태평치고 있어도 괜찮을지 모르겠다.
   "파리에는 집이 없다. 대도시의 주민들은 쌓아 올려진 상자 속에 살고 있다"는 말이 프랑스의 철인 바쉬랄 혼자만의 것이 아니라 우리들 누구나의 것이기도 한 상황에서 정말 우리에게 마당은 있는 걸까? 없는 걸까?
   "대지에 함몰 않기 위해서, 집은 아스팔트 땅바닥에 달라붙어 있다"라는, 우리 시대 스위스의 또 다른 철인 막스 삐깔의 말 그대로 대지와의

지붕 내려 앉았는데도 환히 웃는 우리들 노부모의 마당이여.

직접 접촉을 억척같이 거부하고는 '반(反) 대지의 삶'을 살기 고작인 우리에겐 정말이지 마당은 남겨져 있는 걸까?

사립 바로 밖이던 그 마당, 동구 안 몇 가닥 고샅들이 성큼성큼 몰려들기 마련이던 그 우리들의 마당.

많아야 예닐곱, 보통은 너댓 집이나 되었을까? 그 집들의 돌담 아니면 흙담을 엉성한 울로 두르고는 동그마하게 열려 있던 그 마당.

더러 높다랗게 솟은 서낭나무가 그늘을 짓기도 했지만 대개는 햇빛이 즐겨 모여들던 그 마당, 그래서 사람들 발길이 몰리듯 의논거리도 일거리도 곧잘 몰려들곤 하던 그 마당.

타작마당이 되는데다 놀이마당이 되고도 모자라서 잔치마당이 되곤 하던 그 여러 얼굴, 여러 구실의 마당.

이제 그 마당은 어디 있는 걸까? 비록 옛날 그 자리에 남아 있다 해도 허울뿐, 그저 낡은 추억으로만 남은 건 아닐까.

'마당쇠'라는 이름도 있었다. 태생부터가 아예 난척할 줄 몰라야 그 이름 갖기 좋았다.

'마당발'이란 말도 있었다. 사람 가림 없이 누구나 잘 사겨서 마음이 마당만 한 사람이라야 그렇게 불렀다.

'마당비'란 빗자루, 별스런 빗자루도 있었다. 큼직하고 부리부리한 모양새가 싹쓸이로 싸가지 없는 것들 쓸어낼 만해야 그 이름 누릴 수 있었다. 마당비로 쓸어 모은 쓰레기는 따로 마당쓰레기라고 불렀다.

그런가 하면 '마당질'도 있었으니, 곡식의 이삭털기이긴 하지만 동구 안이 품앗이로, 혹은 두레로 서로 힘 빌리고 얻고 하면서 하는 타작이 역시 마당질로는 제격이었다.

대견하게도 장가가기의 별칭이 다름 아닌, '마당 빌리기'다. 혼사란 신부집 마당에서 치러지기 마련이라서 옛 장부들 모조리 마당 신세 지고서야 장가간 것. 해서 마당은 인간 대사(大事)의 대장(大場)이다.

그러기에 혼사마당은 으레 잔치마당이니, 마당이 '야단 굿판'이라고 할 때의 그 판이며, '놀이판' 할 경우의 그 판을 겸하는 것은 지당하고도 남는 일.

'판굿'은 온 마을 다 함께 올린 신령굿과 놀이굿의 합동이다. 해서 '마당밟이'도 생긴 것. 섣달 그믐이나 설에 집집마다 농악패가 누비면서 욱신욱신 지신(地神) 밟아서 땅기운 드높여 주고 왕창왕창 풍악 울려서 액쫓음하는 게 마당밟이니 이것은 고사(告祀)를 겸한 놀이판이다.

　이 모든 마당, 우리의 마당, 이젠 내던지고 없다. 호미 던지고 괭이 던지고 다들 떠나면서 마당도 폐기처분했다. 빈 자리만 황당하게 남아서는 모래먼지, 흙먼지만 거기 자욱하다. 팬 곳 메우고 솟은 곳 고르고 하던 '마당맥질'이 끊긴 지도 이미 오래여서 바람이 쓸고 지나기도 힘겹다.

　마당은 물론 공간이다. 그러나 '칸막음의 공간'은 아니다. 그건 절대로 '열림의 공간'이다. 열려 있되, 또한 무엇인가로 채워져 있는 공간이었다.

　한데 공간에 절대적인 무한 공간이란 없다. 꼭 구획되어 있기 마련이다. 눈에 보이건 안 보이건 아니면 물리적인 것이든 아니든 구획은 있기 마련인 게 공간이다. 우주 공간도 가령, 은하계를 말할 적엔 이미 어느 경계가 눈에 안 보일 선으로 그어져 있다고 보아야 한다. '공간'이란 낱말 자체가 이를 이미 알뜰히 시사하고 있다. '공'은 빌 공이지만 '간'은 이것과 저것, 여기와 저기의 사이, 곧 중간이란 뜻, 따라서 공간에는 윤곽이 있기 마련이다.

　다만 그 구획 중에는 일방적으로 밀폐요 배타(排他)의 구실만 하는 못된 게 있는데 비해서 되려 열림을 겸하는 착한 것이 따로 존립하고 있다. 전자로는 칸막이의 공간, 후자로는 열림의 공간이 생겨날 것이다.

　"사방 벽으로 둘러 싸인 파리의 우리들의 집은 그림, 잡동산이와 장(欌) 따위로 치장된 인습적인 구렁텅이다"라고 우리 시대의 가장 위대한 카톨릭시즘의 시인 뽈 끌로델이 한탄한, 그런 집이라는 이름의 공간은 배타적인 밀폐다. 그건 칸막이의 공간이다. 필경 닭집과 다를 게 없지만 심지어 감옥과도 크게 다를 게 없을지도 모른다. 밖으로 열쇠가 있으면 감옥이고 안으로 열쇠가 있으면 그런 게, 바로 끌로델이 말하는 파리의 집이다. 대도시의 소위 집이며 아파트가 그런 꼴이 아닌지 모르겠다. 거기에는 드나들기 위해서 있어야 했을 문인데도 웬걸 남들을 향해서 닫아 걸기 위해서 있을 따름이다. 문은 이미 문이 아니다. 막이다. 방벽이다. 잠겨 있지 않은 문은 오늘날 대도시 주민에게 이미 문이 아니다.

거기서 우리들은 누구나 달팽이요 조개다. 아니 두더지 같은 건가?

도시의 그 칸막이 속에 이제 세상 대하는 태도로는 엄연한 자폐증 환자들이 살고 있다.

그리하여 마당은 영영 사라져 갔다. 고향의 마당을 황무지로 버리면서 새로운 도시 공간에 마당을 이룩하지 못했다. 아니 아예 그런 짓은 하려고 마음 먹질 않기커녕, 하는 것을 거부했다.

"대도시의 생활과 공간의 관계는 인위적인 것이고 만다. 거기서는 온갖 게 아주 몽땅 기계다."

바쉬랄이 이처럼 단죄한 도시공간에는 마당이 있을 수 없다.

합동의 공간, 합일의 공간, 사귐과 어울림의 공간이던 그 우리의 마당.

거기엔 지기(地氣) 말고도 사람 온기가 고였었다. 지심(地心)에 인정이 얼리면, 사람들은 각기 제 마음의 품을 마당만큼 넓히는 것이었다.

울이 있기는 하되, 늘 넘치고 퍼지고 그래서 드디어는 동구 안 모든 존재들을 감싸 안는 넓으나넓은 품이던 우리들의 공간, 마당.

그게 없어지면서 우리들 마음도 남을 위한 품이기를 그만두었다. 우리들 누구나 '칸막이의 마음'을 철옹성처럼 굳히고 살아가고 있다.

아! 마당 잃은 우리들
우리가 하는 말, 그건 대부분 문 닫는 소리를 낸다
우리가 남과 악수하면 자물쇠 사슬의 철거덕대는 소리가 난다.

이 한 권으로 엮어진 글들은 서로 문 여는 소리를 듣고 들려주자는 뜻을 담고 있다. 서로 맞잡은 손과 손들 사이에서 훈김이 되자는 소망을 간직하고 있다.

그럼으로써 다들 등지고 떠난 우리들 마당, 그것도 우리들 마음의 마당을 새로이 고르고 닦자는 축수를 머금고도 있다.

그리하여, 아! 아직은 돌아갈 곳이 있음을 확인하는 것이 이내 희망 세우기라는 것을 다들 다짐하고 싶다. 돌아갈 곳으로 돌아가서는 다시금 되돌아서는 그 발길 앞에 내일을 향한 새 길이 트인다는, 그 눈물 겨운 교훈을 우리들 누구나의 생기(生氣)로 우리들 누구나의 가슴에 지피고 싶다.

* 서구는 '칸막이'의 문화인데 비해서 동양은 '칸트기'의 문화라는 뜻의 말을 한 것은 라빈드라나드 타골이라고 기억된다.

1장 |
그 산, 그 마을, 그 집에 가면

곰실의 초가삼간
— 어느 유언이듯이 남은 것

마지막 하나 남은 것이 멸종의 징조일 수는 없다. 유일하기에, 군계일학(群鷄一鶴)일 수 있고 독야청청(獨也靑靑)한 낙락장송일 수도 있기 때문이다.

내가 왔느냐, 아가야 네가 왔느냐
기별도 없이 네가 왔느냐, 애그 내 새끼.

아 실로 몇십 년만이던가. 오십 년 저 너머로 곰살갑게 들려오는 그 목소리.

고성군 회화면 곰실(웅동) 어귀에 들어섰을 그 순간, 쟁쟁하게 울리는 목소리 때문에 더는 발을 떼놓을 수 없었다. 옛 얘기로 듣던 그대로 벼락맞고, 선 자리에서 돌이 된 사람처럼 굳어져버렸다.

서부 경남 일대에서 유일하게 남은 경남 고성군 회화면 곰실 마을 어귀의 초가삼간. 짚, 산돌, 흙, 나무 등 우리네 산하에서 나는 재료들이 자연스레 어우러진 초가집은 자연으로 돌아가고자 하는 사람들의 신심(信心)의 표상이다.

    그것은 와선하고 있는 부처처럼 은근하게 길게 누운 뒷산의 굽어진 품서리에 숨은 듯이 자리잡은 초가 한 채를 멀건히 바라본 찰나의 일이었다.
    유일하게 남은 초가삼간. 적어도 필자가 서부 경남 일대에서 확인할 수 있었던 유일한 초가삼간과의 첫 만남은 이렇게 시작되었다. 그것은 정말이지 산모마저 숨진 어느 젖먹이 유복자의 모습 같은 것이었을까?
    겨우 해야 스무 해 남짓, 꼴란(겨우) 그것도 세월이라고 한 겨레 한 나라가 천년도 더 묵은 내림을 단종하다시피 한 것, 그게 사실인가? 이승살이 처음이자 마지막 의지가지를 겨우 그 시간 동안에 싹쓸이해 버린 사람들이 있다는 것을 믿어도 좋은가?

그 만남이 솟을대문 우람한 기와집 앞이더면 어떻게 되었을까.

"내 이놈, 한 자 소식도 없더니 우두망찰 게 서 있기는. 문전 과객이 아닐진대 썩 들어서지 못할까!"

이런 까랑까랑한 목소리, 아니 가래 걸걸한 목소리 듣게 될 게 뻔하지 않은가.

하지만 초가는 그렇지 않았다. 낡은 이엉이 꼭 우리들 늙으신 어버이 살갗빛 그대로인 짚집이 아니던가.

더러 비라도 후하게 올라치면 토담에서 모락모락 피는 내음이 영락없는 토장국 향기 아니던가.

우리네 초가는 여름엔 서늘하게 겨울엔 다스하게 다독거리고 어르는 시늉을 지어왔다.

용마루야 차마 있을 것 같지도 않은 지붕은 봉긋해서 되레 웅숭크리고 들었다. 남명 조식 선생은 자신의 집 한 채를 '계부당(鷄伏堂)'이라고 이름지었지만, 그 '계부'란 닭이 알을 품은 형상이다. 스스로 인재 가꾸기를 병아리 품듯 하리라는 다짐이었을 것이지만 초가야 어찌 굳이 인재만을 골랐으랴.

거기 의지하는 사람이면 누구나 병아리이듯이 품어주는 어미닭이 아니던가. 사람들은 그들 둥지를 워낙 하늘과 땅의 작은 모상(模像)으로 지은 것이지만 더불어서 어미품의 모상으로 짓기도 한 것이다. 무엇보다 몇 채 남겨진 백제의 '움집'이 이에 대해서 말해 주고 있다.

그렇다. 집은 인간을 위한 품, 제2의 품이다. 우리들 어머니께서 두

팔 둥글게 여미신 그 양가슴 속 같은 것이다. 그러기에 우리들 집은 영원히 모성이라야 하고 모상(母像)이라야 한다. 솟거나 뻗거나 모나거나 해서는 안 된다. 잘 지은 기와집은 '날아갈 듯하다'고 한다. 우뚝 솟은 기와집은 아버지들의 기상, 가부장들의 기대다. 하지만 초가집은 치맛자락 여미고 돌아앉으며 고개 숙인다. 그것은 어르고 달래는 어머니의 정이다.

동주리나 바가지 엎은 듯한 초가집의 흙 도배한 방안에 몸 누이면 흙 깔고 풀 덮고 눕는 것이나 진배없다. 사람들은 그만 둥지에 깃든 새들이 되고 만다. 절로 자연의 아들, 자연의 딸이 된다. 해서 초가집은 자연에 귀화하고자 하는 사람들의 심신(心信)의 표상이다. 자연에 손을 대고도 의연히 또 다른 자연으로서만 이룩된 것, 그게 곧 우리의 초가집이다.

곰실의 오두막만 해도 그렇다. 산돌을 주워다가 축담을 싸고 흙과 돌로 구들을 깐다. 시누대나 싸릿대를 짚으로 엮어서 흙을 바르면 벽이 된다. 용마루, 서까래, 기둥 할 것 없이 도리까지도, 모든 집의 뼈대마저 못질하지 않고 다만 짚으로 동여맨 것뿐이다. 그리곤 솔가지 서까래 위로 수수깡 따위 산자를 얹거나 말거나 해서 짚이엉을 얹으면 집은 낙성된다.

해서 자연에 손대고도 여전히 자연으로 머문 초가집은 유기적 건물이라고 해도 좋다. '푸른 집', '푸른 환경의 집'이다. 초가집이 잘 생긴 버섯 한 송이를 닮았음은 너무나 그럴듯한 일이다.

서구인의 문명은 야만과, 그리고 문화는 자연과 맞서왔다. 그런 나머지 자연은 억울하게도 야만과 짝이 되면서 문화와 길항을 계속해야 했

헌 신문지로 덕지덕지 바른 초가의 흙벽에서 이제 우리는 어디로 가야 할지를 챙겨야 한다.

다. 레비스트로스가 신화의 기능을 '자연과 문화의 조화'에서 구하고자 든 것도 바로 이 자연과 문화 사이의 길항 때문이다. 서구의 근대식 건물은 바로 이 길항의 상징으로 지어진 것들이다.

그러나 우리의 초가집은 자연을 야만과 짝짓지도 않았고 문화를 자연과 척이 지게도 하지 않았다. 다만 자연의 후예로서만 존립하는 문화에 대해서 증언하는 작고 소박한, 그러나 너무나 확연한 기념비로서 곰실의 초가집은 우리 앞에 있다. 이 그린라운드의 시대에…….

곰실도 여느 마을과 다를 바 없이 소위 '새마을운동'이란 걸 했다. 하지만 이 외딴 오두막은 슬레이트 지붕을 견딜만한 힘이 없어서 근대화에 끼이지 못했다. 그리하여 시대의 낙제생, 낙오병이 되어서 돈이, 그리고 권력이 불뚝불뚝 수캐처럼 일어서는 서슬에 밀려서 사람이 기죽고 정이 누렇게 부황이 들어가는 꼴을 지켜보아야 했다. 시대와 사회가 사람의 꿈이 되는 것이 아니라 돈이며 권력의 난장판이 되어가는 흉대(凶代), 흉국(凶國)을 지켜보아야 했다.

권력도 돈도 길바닥의 개떡 같은 것이었다. 먼저 손을 대거나 남보다 앞서 주먹을 휘둘러대는 자의 몫이 되기는 돈도 권력도 개떡과 다를 게 없었다. 그러면서 그 손과 주먹은 사람을 헐고 초가집을 헐어버렸다.

이제 우리들은 자연을, 그리고 사람을, 또한 전통을 되살려야 한다고들 말하고 있다. 그 목소리는 여간 다급한 게 아니다. 큰 물에 휩쓸린 사람 마냥 다급하다. 물에 빠지면 지푸라기라도 잡는다고 했다. 실낱 같은 목숨이 지푸라기에 매달린다고 했다. 그렇다면 우리들은 사람, 자연, 그리고 전통이 한꺼번에 쓸려간 큰 물 속을 허우적대면서 한 채 남은 곰실의 초가집을, 짚집을 붙잡아야 한다. 그 의미를, 그 의미를 잡아야 한다.

이제 사람들은 곰실 짚집에 살기 위해서 모여들지는 못한다. 그러나 자연과 인간, 그리고 우리 것, 온전한 우리 것에 기갈든 마음을 그 토방에 뉘기 위해서 거기를 찾아가야 한다.

그리하여 '내일의 아침 밝음을 위하거들랑 어제를 깊은 잠에서 꿈꾸라'는 그 초가의 소리에 귀기울여야 한다. 왜냐하면 '하나 남은 것이 마지막은 아니니라'라는 그 마지막 유언은 지엄하기 때문이다.

그 지붕 아래 서면
— 사라진 박덩굴, 서러운 아름다움

두메 가을에 가을이 없다.

밤이 지천으로 익어서 풀서리에 나뒹굴어도 거두는 손이 없다. 먹기에도 주워가기에도 시큰둥해진 다람쥐들. 이제 그들은 반쯤 알이 까진 밤송이 사이를 헤집고 다니는 뜀질놀이에도 쉬 지칠 것이다.

가지끝에서 이미 시진한 주홍빛 감들. 여린 실바람에도 견디지 못해 땅에 떨어져 수북수북 쌓여 문들어지면 그 쉬어빠진 냄새를 당하지 못해 개미떼들도 더는 얼씬대지 않을 것이다. 마지막 남은 홍시 몇 알이 사뭇 떨떠름하다.

밤송이가 터져도, 감이 익어도 가을 든 두메에 가을이 없다.

작년까지도 보지 못했던 외짝 솔개가 길을 잃은 것일까? 난데없이 그가 이곳 텅텅 빈 골짝에 나타난 것은……. 허공에다 대고 소슬한 날개짓으로 겹겹이 원을 그려댄다고 해도 그가 감싸안을 것은 아무것도 없다.

다만 시린 바람만이 그의 목에 감겨드는 날이 사나흘 계속되면 이내 그도 제 길을 찾아 떠나갈 것이다.

솔개를 위한 하늘이 없어진 마을, 하늘에 솔개가 날지 않는 마을, 저 높은 곳에 무심한 구름뿐 가을이 없다.

그리고 그 하늘 아래, 새들이 떠나간 하늘 아래 지붕이 민둥산이다. 머지 않아 꾀벗게 될 나무를 미리 흉내낸 것일까? 하마 짙어가는 이슬에 젖을 때면 지붕은 아침바람을 견디지 못해 으스스 소스라친다.

굴뚝에서 연기 오르지 않은 지가 석 달에 미치지 못하는데도 파충류가 벗어놓고 달아난 허물껍질 같은 지붕.

지난 겨울만 해도 그 아래 두런대는 두 사람의 삭은 목소리가 이따금 늦은 밤에 고샅 밖까지 새어나오곤 했다. 하지만 그 한쪽 소리가 봄에 사라지고 난 뒤 먼 빛으로 산기슭 새 무덤을 바라보곤 하던 마님마저 갈잎이 미처 들기 전, 바람도 없는 날, 갈잎보다 더 홀홀 영영 산으로 가고 말았다.

그리하여 산에 쌍분이 새로 생기면 마을 안에 이내 폐옥이 될 빈 집이 하나씩 늘어가는 그 관계가 또 되풀이되었다. 쌍분들은 철을 맞으면 그나마 푸를 수 있었지만 주인 잃은 집, 집채 어느 다른 부분보다 먼저 낡아간 지붕은 다시는 제 빛을 찾지 못할 것이다. 무덤 지붕이 산 사람 집 지붕보다 더 싱그러운 두메 마을에 가을은 와도 가을은 없다.

이미륵 씨가 독일 가서 독일인으로 살면서 겪은, 고향 그리운 정을 담은 『압록강은 흐른다』에서는 가을날 지붕 위의 고추날기가 가장 한국적인 것의 전형으로 회상되고 있다. 하지만 이제 우리들의 옛 동구의 지붕엔 고추날기의 붉은 빛이 없다. 소나무 우거진 푸른 산 아래, 흰 구름 이고 앉은 지붕에 온통 다 타는가 싶도록 붉디붉었던 고추날기 없는 두메에 가을이 깃들어도 가을은 없다.

박덩굴이 지붕을 타지 않은 채 세월은 얼마나 여의어 보낸 것일까?

    옛 성의 돌담에 달이 올랐다
    묵은 초가지붕에 박이
    또 하나 달같이 허이옇게 빛난다
    언젠가 마을에서 수절과부 하나가 목을 매어
    죽은 밤도 이러한 밤이었다.

가령 박목월이 경상도 말로, 서정주가 전라도 말로, 그리고 이용악이 함경도 말로 각기 가장 좋은 시를 썼듯이 평안도 말로 그 중 시를 잘 쓴 백석(白石)은 이같이 박이 얹힌 지붕을 노래했다.

마치 옛날 전설을 펼치듯이 한국적인 마음의 가장 깊은 속을 토장찌개 끓는 여운과 질퍽하니 물 머금은 논바닥 흙빛으로 노래한 시인에게 사뭇 토속적인 것의 으뜸이 다름 아닌 박 열린 지붕이었다.

휘영청 둥근 달이 떠서 짚집 지붕 위에 동그마하니 열린 박을 비추면 그 지붕 아래 목숨 부지해 온 착한 이들에게 그건 너무나도 서러운 아름다움이었다. 아름다운 서러움이었다.

하지만 이제 박 넝쿨이 더는 올라앉으려 하지 않는 지붕, 서러울 것도 아름다울 것도 더 없을 그 지붕에 가을이 내려앉아도 가을은 없다.

간신히 비바람을 막아준 양철과 슬레이트 지붕에는 아무리 해가 묵어

소나무 우거진 푸른 산 아래 흰 구름 이고 앉은 초가, 마당 한 곁엔 감나무 한 그루가 서 있다. 지붕엔 붉디붉은 고추를 널고 눈이 시리도록 하얀 박을 얹었던 가을 풍경은 옛 고향집의 추억일 뿐이다.

도 참새가 둥지를 틀지 않고 집지킴이인 구렁이 한 마리 얼씬 하지 않는다. 그러다가 마침내 제비에게서도 외면당한 처마 끝에 가을이 비어 있다.

정말이지 옛날 우리들 두메 마을 지붕들은 너무나 은성했다. 추수 마치고 새 볏짚으로 이엉을 얹으면, 아! 그때 지붕은 왁짜하도록 풍요했다. 대낮인데도 고추날기에서 설핏 든 잠자리 풋잠의 꿈은 또 얼마나 넉넉했던가!

그럴 수밖에. 지붕은 우리들 집의 하늘, 청정 하늘이 아니던가.

서울 암사동엘 가보자. 선사시대 사람들은 단지 지붕만 있는 집을 짓고 살았음을 단박에 알 수 있다. 장욱진 씨의 만화 같은 그림에서, 또 이당 김은호 씨의 바보산수에서 그렇듯이 그건 하늘을 본떠서, 아니면 하다 못해 산을 본떠서 집을 지었기 때문이다. 짚집 지붕은 그대로 작은 뒷동산 형국 아니던가!

동명왕 신화가 보여주는 바로는 고구려인들은 하늘로 맞통한 지붕 아래 살고 있었다. 유리왕은 창틀을 타고 하늘 중천, 해와 맞닿기까지 치솟았다고 하거니와 그건 땅을 덮듯이 얕게, 땅과 거의 수평이라고 해도 좋을 약간 기웃하게 얹힌 지붕에 나무 창틀이 박혀 있어야 가능한 것이다. 또 다른 동명왕 신화는 고구려인들이 하늘 기운이 수시로 무시로 내왕할 수 있도록 만들어진 지붕 아래 살고 있었음에 대해서 말해 주고 있다.

하늘 이듯이 지붕 이고 산 사람들, 그게 우리 겨레다.

왜 어쩌자고 지붕 꼭대기를 하필 용마루라고 했겠는가. 하늘 아니고는 용이 날지 못하기 때문이다.

하늘에는 해와 달, 그리고 구름, 거기다 별은 얼마나 지천인가. 그렇듯 우리네 지붕은 풍요하고 또 은성했다. 그게 기와집이라면 지붕과 천장 사이의 치장을 당할 만한 것을 집채의 다른 부분에서 찾아내지 못한다. 장욱진 씨가 집의 다른 부분을 극단적으로 생략해 보임에 비해서 굳이 지붕만은 산이듯이 우뚝하니 그려놓고 있는 뜻을 헤아릴 만하다.

옛 어른들, 높으나 높은 옛 어른들 몸차림하실 때 어디다 가장 마음쓰셨던가? 그건 관이다. 갓이다. 지붕은 집의 갓이다. 왜 아니 풍성했을라고!

하지만 이제 고추날기도 박덩굴도 없이 삭아가는 우리들 고향집 지붕에 가을이 와도 가을은 없다. 하늘도 가을 없이 텅 비어 있다.

구들장, 아랫목
— 등 따습고 배부르니

한국의 겨울 정서는 얼음과 불 사이에 걸쳐 있다. 흔히 '빙탄불상용(氷炭不相容)'이라지만 '빙탄상용(氷炭相容)'이라야 한국인이 겨울에 누리는 정서를 제대로 표현한 것이 된다.

겨울밤에 즐기는 동김치는 이를테면 얼음 덮인 강과 눈에 싸인 산을 보시기에, 그릇에 담아서 삼키는 것과도 같은 것이지만 그건 꼭 따끈한 온돌방 아랫목에서라야 한다.

한겨울 아침, 우거지국밥은 모닥불을 대접에 담아서 들이키는 것과 같은 것이지만 그건 서릿발 허옇게 일어서는 지붕 아래 토방에서라야 하는 것.

하지만 한국 겨울, 빙탄상용의 정서로는 누가 뭐라 하든 야밤중, 싸락눈 내리는 기척을 장지문 바깥으로 들으면서 아랫목에 모여 앉은 마음 선한 이들의 주고받은 도란거림을 으뜸으로 쳐야 한다.

아랫목을 갖춘 구들방이야말로 한국인의 사회적 서정이라고 부를 만하다. 아궁이서 붙인 장작불, 청솔 가지 불기운은 고래 사이를 통해 고루 퍼져 인간의 등을 따사롭게 한다.

겸해서 질화롯불을 껴안다시피 하고 모여 앉으면, 그래서 시절 얘기, 옛 얘기라도 주절대면 삼동설한, 문풍지 울림은 때로 '얼쑤' 장단을 맞추고 때론 땅이 꺼지라고 한숨을 토하지 않았던가.

흔히들 '등 따숩고 배부르면……' 이라고 한다. 하지만 말의 뒤꼬리로는 '만석꾼 부러울 게 없다' 느니 혹은 '정승 자리 준대도 싫다' 느니 하는 따위가 따르기 마련이어서 민초들은 그 한 마디로 자족안분(自足安分). 팔자로 타고 난 명수(命數)에 어울리는 삶의 행복을, 유족함을 토로하곤 했다.

그렇다. 배부름과 더불어서 '등따슴' 은 삶의 이치가 제대로 운행되고 있음을 말해 주는 징표였다.

더러 얼어죽는 눈귀신도 있기 마련인 엄동이면 가난한 이들은 '백비탕'을 마셨다. 나무라도 해서 돌아오는 집구석에 따로 변변하고 김나는 마실거리가 있을 턱이 없다. 그러나 군불이라고 땐 가마솥에 더운 물은 노상 있게 마련, 별수 없이 그걸 한 사발 퍼 마시면 끓는 맹물이지만 그나마 제법 문자를 써서 백비탕이라고 한 것. 내친 김에 약이라고 했다나?

뜨거운 맹물로 한기 치솟는 속을 달랬던 사람들이 아니면 어느 누가 다만 등따슴으로 말라 비틀어진 북어쪽 같은 삶의 삭신을 데우려 들었겠는가. 백비탕 마심이 할 일 없는 입가심이 아니었듯이 등따슴 또한 송장콧김으로 언 손 녹이려 든 짓거리는 아니었다.

등따슴은, 등이 따스함은 가슴 따뜻함의 절친한 짝이다. 등이 따듯해서 비로소 가슴 따사롭던 사람들이 이 땅에는 살고들 있었다.

겨울 방안에 세 가지 훈김이 있으니 어머니 품과 할머니 무릎, 그리고 아랫목이다. 이 셋은 한국인 민초들의 생을 위한 3대 훈김이다. 그 셋은 같은 것의 서로 다른 겉모습일 뿐이다. 그것들은 이를테면 단적으로 '모성(母性)'이라고만 불러 마땅한 것들이다. 한국인을 위한 위대한 어머니들이다. 조금 호들갑을 떨라치면 한국적인 온돌방이 있는 한국적인 대모신(大母神) 세 분이라고도 할 만하다. 이것이 과장이 아니기를 빈다.

이리하여 우리들은 온돌로 해서 아랫목이, 구들목이 있음으로 해서 불을 여성화하고 모성화했다. 그같이 해서 한국인은 불을 길들인 것이다. 불을 문화화하고 또 인간화한 것이다.

우리들은 사회와 나라와 역사가 다들 아랫목을 갖춘 구들방이기를 바랐다. 구들장을 잘 놓은, 그래서 불고래며 해고래가 갖추어서 놓인 굇돌 사이를 잘 꿰뚫어 나간 구들방이기를 소망했다.

나라도 세상도 필경 크나큰 구들방이기를 축수해 온 것이다. 그걸 한 국인의 '사회적 정서'라거나 '사회적 서정'이라고 못 부를 것 없다.

아궁이 바닥은 되도록 얕아야 한다. 그래야 장작불, 청솔가지 불기운이 대로를 타듯 고래 사이를 치닫을 것이기 때문이다. 부뚜막 위, 반듯하게 걸쳐진 불목돌은 크고 두꺼워야 한다. 구들의 수문장 격이기 때문이다.

거기를 지난 불길은 순해지면서 엇비슷하게 경사진 구들바닥을 따라 위를 향해 윗목을 향해서 전진하고 그러면서 여기저기 괴어진 괫돌의 인도를 받아서 사방으로 방 구석구석으로 고루 퍼져가는 것이다.

고래도 아궁이와 맞보는 중앙통은 되도록 좁히고 가장자리로 가는 가닥일수록 넓게 잡았다. 그래야만 불길이 굴뚝으로 바로 빠지지 않고 방안 후미진 모퉁이마다 화기를 공급할 것이기 때문이다. 온 방안이 불길에서 소외됨이 없게 마음을 쓴 것이다.

구들장 위에 흙을 발라 방바닥을 고르되 아랫목은 두껍게 윗목은 얇게 했다. 불기운의 균등분배, 균점(均霑)은 이래서 거듭 보장되었다. 우리들의 등이 누구나 할 것 없이 고루 따스할 사회복지는 이렇게 해서 보장된 것이다. 그 덕에 우리들 누구 할 것 없이 가슴 따사로울 수 있었던 것이다.

불기운은 물과 달라서 아래서 위로 흐른다. 막지만 않으면 고루 스미고 번지게 마련이다.

우리의 온돌은, 우리의 구들방은 그러한 불의 이치를 가장 순리로 살린 구조물이다. 아래와 위의 균형, 중심과 자장자리의 균등, 얇은 것과 두꺼운 것의 조화로는 온돌을 전형으로 삼아야 한다.

그러기에 우리들의 방, 그 온돌방은, 그 구들은 인간적 따스함이 균점되어야 할 사회의 구조원리 그대로다.

오늘 우리 사회가 구들방을 잃은 것은 도리 없다고 치자. 하지만 구들방의 원리 그 자체를 잃고 싶지는 않다. 바야흐로 우리 사회는 냉동사회가 아닌가. 사람들의 마음은 사시사철 내내 빙하시대를 겪고 있지 않은가.

영원히 구들장 지고 살다 갈 우리들이고 싶다.

덕유산, 검정 고무신
— 이름 없는 남부군의 발자취

'개인비트'를 찾아가는 덕유산 여름은 싱그럽고도 땀겨웠다.

해발 1,500에서 어금버금하는 준령들이 연이은 남덕유, 한 여름의 무릉산은 장려하리만큼 짙푸르렀다. 골짝마다 아리게 박혔을 피멍과 등성이마다 짓물러졌을 생채기, 그 모든 것을 송두리째 자취도 없이 삼키고 대덕유의 산자락은 무섭도록 치렁치렁했다. 아니, 서슬이 시퍼랬다.

그렇다. 그 한 철, 6·25 즈음해서 덕유의 녹음은 이웃 지리와 더불어서 서슬의 푸르름이었다. 짙푸른 서슬, 잎새마다 비수날을 머금고 일어설 듯이 시퍼런 서슬로 남덕유의 여름은 우거져 있었다. 차마 못 다한 것이 어찌 한둘일까마는 그 중에서도 마지막 말 한마디를 못 다한 것이 스스로 빛으로 형색으로 화하면 저토록 시리디시린 서슬이 될까?

놓쳐 터지도록 짙푸른 서슬을 모질게 헤집기는 애시당초 어려웠다. 가파른 비탈, 깎아서 벼린 듯한 바위 벼랑, 그리고 키를 곱으로 넘는 풀

이름 모를 한 빨치산이 깍듯이 모신 검정 고무신. 문수도 다르고 두짝이 다 왼짝 신발이다. 발자국을 흩뜨리면서 토벌군의 판단을 흐리게 하기 위한 그들 특유의 '신발신기작전'을 잘 드러내고 있다.

서리며 넝쿨 따위만으로 우리들 행정이 땀겨웠던 것은 아니다. 역사의 행적, 그 잃어진 착란의 행적을 찢어져 된바람에 날린 종이조각을 줍듯이 뒤를 대며 좇는 그 서투른 사냥짓이 땀겹지 않을 수 없었다. 그곳은 비탈진 역사의 미로 끝이었다.

거창군 북상면 월성리 일대는 6·25 당시, 남로당 경남도당이 자리잡으면서 이른바 해방부랍시고 소위 인민공화국의 식민지로 화한 지역, 세칭 여순반란사건의 잔당과 남침한 인민군 패잔병이 합류하여 노략질해 댄 곳이다. 그리하여 덕유산은 인민군의 유격전장이 되었다.

면당위원회가 있던 월성마을을 지나서 십여 리의 산길, 이젠 폐허가 된 산수 마을을 지나서 해발 700미터를 이미 넘어선 산길은 군데군데 가시 덩쿨과 벼랑에 먹히곤 했다. 그렇게 한 시간 남짓 헤매다가 다다른 곳이 마학동(磨學洞) 계곡. 깊으나 깊은 골짝에 뜻밖에 트인 석간(石澗)의 동천이었다. 반 마장의 절반쯤, 굽이지며 널따랗게 깔린 암반 위로

남덕유 무릉산 마학동 계곡위 해발 1,000m 지점 깍아지른 절벽에 짐승굴 같은 바위굴이 있다. 빨치산의 소굴 비트이다. 한 사람이 겨우 쪼그려 앉을 만한 공간. 이 공간 사람의 머리 위쯤에 검정 고무신이 모셔져(?) 있었다. 안내자 정태준 씨가 그 당시처럼 앉아보았다.

골물이 세차게 내리닫다가는 더러더러 폭포며 물사품이 되어서 곤두박히곤 했다. 깍아지른 듯한 벼랑으로는 늦 핀 함박꽃 흰 송이송이가 잔인하도록 정갈했다.

세속을 아슬하게 벗어난 동천, 오죽하면 '학문을 연마하는 곳'이라고 일컬어진 이 동천은 한때, 이른바 남부군들이 벅적대며 먹감은 곳이라고 전해져 있다. 이지러진 역사의 한 가닥, 사생아 같은 그 한 가닥이 길을 잃고 기어들었을 때, 이 시린 석간수, 계곡물은 못내 그 흐름을 멈추고 싶었으리라. 나는 감히 발을 담글 수도 없었다. 이죽대는 상념들을 재를 털어내듯이 나는 일어서 길을 재촉했다.

벼랑으로 마감되는 계곡을 벗어나면서는 그 알량하던 실오락 길도 없었다. 안내자의 기억을 따라서 멧짐승의 성긴 발자국을 헤잡는 것이 고작이었다. 착종(錯踪)으로 실종된 그 역사의 추적자들에게는, 그 사냥꾼들에게는, 아니 어쩌면 밀렵자일지도 모를 일행에게는 퍽 어울리는 행정이었으나 너무나 힘겨웠다. 미끄러지고 엎어지는 바람에 가시덩굴이 할퀴고 들면 그게 오늘에 간신히 남은 어젯날의 역사, 그 미망(迷妄)의 역사의 손길이려니 했다.

그 따위로 갈팡댄 끝에 안내자가 우뚝 멈춰 섰다. 숨을 할딱거리며 그가 손짓한 곳에 작은 바위굴이 보였다. 위에서 반이나 더 되게 나무뿌리를 덮어 씌우고 있어서 알아보기 어려웠다.

"저게 가장 높은 곳, 최후의 지점에 자리한 비트입니다."

그가 좀 전에 숯막을 겸한 공동비트를 찾아낸 지점에서 반 마장이나 떨어진 곳이다.

"무슨 징표라도 있습니까?"

짐승굴 아니면 단순한 바위굴이라고 해도 그만일 걸 가지고 무얼 그러느냐는 투로 나는 투덜댔다.

"들어가 보십시오."

"나더러 저길요?"

하지만 나는 어쩔 수 없어서 뿌리가닥을 들치고 기다시피 해서 안으로 들어갔다. 아무것도 없었다. 한 사람을 용납하면 겨우 반 사람쯤 비껴 앉을 굴속에서 '있긴 뭐가 있단 말이람' 이라는 나의 짜증 섞인 소리가 웅얼댔다. 그러자 밖에서 소리가 날아들었다.

"찬찬히 보십시오. 뒤쪽 윗부분을요."

그제서야 굴 안구석 천장 가까운 곳 선반처럼 움푹 팬 속에 검정 고신한 켤레가 놓인 게 눈에 들어왔다.

"이 삭은 고무신이요, 이게 왜 하필 이 개인비트를 지키던 빨치산의 것이란 말이오? 약초꾼이나 심마니는 뭐 고무신 안 신었던가!"

나의 극에 달한 짜증이 전해졌는지 안내자가 들어섰다.

"자, 보십시오. 무엇보다 이 둘은 서로 문수가 조금씩 다르고 거기다 두 짝이 다 왼짝 아닙니까. 그게 결정적인 단서지요."

정말 그랬다. 하지만 미욱한 내가 여전히 뜨악해 있자, 그는 "발자국을 흐뜨려서 토벌군의 판단을 흐리게 하기 위한 빨치산의 특수한 '신발 신기작전' 이다 그런 말입니다."라고 힘주어 말했다. 이 지역 경찰에서 덕유산 전적지 조사위원으로 위촉된 적도 있는 안내자의 자신에 찬 말이었다.

나는 무연히 신발을 매만져 보았다. 삭아서 푸석한데도 꺼칠했다. '천일 고무신'을 의미하는 '천(天)'표의 희미한 동그라미 자국을 손가락 끝으로 짚어 보았다. 들어 올리려고 하는데도 녹고는 굳고 삭아서는 다시 달라붙은 신짝은 옴짝도 하지 않았다.

그제서야 나는 그 검정 고무신이 빨치산의 머리 위 선반에 깍듯이 모셔져 있었음을 눈치챌 수 있었다.

앞을 향해서 총을 겨눈 채, 굴 벽에 기대어 웅크리고 앉아 있었을 그 말단의 초병은 제 머리 위에다 고무신을 이고 있었던 것이나 다를 바 없었던 것이다.

1960년대까지만 해도 '천일표 검정 고무신'은 영호남 일대에서는 귀물로 통했다. 어쩌다 행운으로 한 켤레 얻어 걸리면 소년들은 차마 신지도 못했다. 학교를 갈 때도 풀밭을 만나면 잠시 걸치고 가다가도 자갈밭을 만나면 벗어서 머리에 이고 걸었다. 그것은 농군집 소년의 가난의 몸짓이었다. 그러던 농사꾼 소년이 자라서 빨치산이 되었을 때 생전 처음인 그 전쟁놀이에 말려들었을 때, 저제나 그제나 다름이 없이 검정 고무신을 이고 모시고 한 것이리라.

나는 그가 이념까지도 머리에 이고 있었는지 어떤지를 말할 수 없다. 그러나 짝짝이(외짝이)를 신고 짝짝이 인생을 살던 그 어느 날 고무신을 남기고는 숨져갔다. 그는 어려서 자갈밭을 가던 그 맨발의 걸음새 그대로, 돌자갈길에 불과했던 그의 역사 현장을 버리고 다른 세상으로 갔다. 아니 그렇게 구천을 헤매고 있을 것이다. 지금껏…….

쾨슬러는 그의 『한낮의 어둠』에서 "역사는 인간의 마지막 미신"이라

6·25당시 남로당 군당(郡黨)이 자리잡았던 경남 거창 산수리 산수마을 전경.

고 했다. 검정 고무신 머리에 인 맨발의 원혼에게 이 말을 들려주고 싶다. 그를 보상해야 마땅할 자는 최근에 빛나는 황금구두를 신고서 저승을 갔다. 그를 받아들여 마땅한 붉은 동아리들은 이제 휘청대고 있다. 이제 이 맨발의 넋을 위해 '비트'가 될 공간은 아무데도 없다.

고갯길, 고개 마루에 서서
— 인생은 고개려니

"고개를 넘을 때마다 나이가 알렸다."

이 땅에서 창작된 서정적 소설의 백미가 될 『메밀꽃 필 무렵』에서 서술자가 주인공 허생원을 두고 하는 말이다. 고개 하나 넘을 적마다 차고 기우는 나이를 가늠하곤 하던 사람들, 그들이야말로 한국인이다. 산마루에 걸린 고개를 넘는 힘의 깜냥으로 나이를 재보던 한국인은 그들 삶의 행보(行步) 또한 산마루 턱 넘기라고 믿어왔다.

고개를 넘듯 재 넘어가듯 한 평생을 산 사람들, 한 역사를 겪어낸 사람들, 그들이야말로 한국인이다.

재주도 억지도 통하지 않는다. 연줄타기란 당치도 않다. 과속이란 가망도 없다. 그저 발바닥이 물커지도록 무릎에서 신내가 나고 발목쟁이에서 물씬 단내가 나도록 아금받게 걸어야 하는 게 고개다.

발맘발맘, 한 발씩 내디딜 수밖에 없다. 곡식알을 터는 사람이 발바심하듯 힘주어 걸어야 한다. 코끼리걸음으로 우직하게 발을 옮겨야 한다. 그런 게 고갯길이다. 뛰는 것은 고사하고 우죽대는 것조차 포기해야 한다. 고갯길의 행보는 그래야 한다. 그래서 고갯길은 어떤 다른 길과도 같을 수 없다.

서두르거나 욕심부리면서 고갯길을 갈 수가 없다. 차근차근 한 발자국씩, 아니 때로는 다만 반 발자국씩 내딛으며 가는 길, 그게 고갯길이다. 옛 시조가 "잘 가노라 닫지 말며 못 가노라 쉬지 말며"라고 한 것은 고갯길의 행보를 말할 때 안성맞춤이다.

고개에는 샛길이 없다. 재에는 지름길도 없다. 빠져나갈 수도 없거니와 옆으로 샐 수도 없는 길, 그게 잿길이다. 그저 마냥 꾸불꾸불 돌아나가는 게 고갯길이다. 굽이굽이 휘돌아나가는 게 잿길이다. 한치 앞을 내다보지 못한 채 에돌고 굽이 휘어 도는 수도 있다.

오죽하면 구절양장(九折羊腸), 곧 양의 창자에다 견주었겠는가 말이다. 일러서 고갯길을 아흔아홉 구비라고 한 것은 바로 이 때문이다. 대관령만이 99절은 아니다. 99절은 이 땅 모든 고개의 어엿한 별칭이다.

섣부른 것은 금물이다. 눌러서, 짚어서 걸어야 한다. 천천히 아주 천천히 곱씹으면서 가야 한다. 워낙 생각이 익혀지자면 생각의 타래는 감겨 들어야 하고 말려들어야 한다. 죽죽 뻗는 것은 신작로지 생각이 아니다. 그 따위는 삶의 중요한 고비를 두고 사색하는 자세는 절대로 아니다.

　　아리랑 아리랑 아라리요 아리랑 고개를 넘어간다
　　문경 새재는 무슨 고갠고
　　굽이야 굽이가 눈물의 고개.

눈물 없이는 못사는 인생, 삶의 고비 고비마다 눈물은 흘리게 마련 아닌가. 삶의 길은 눈물로 닦는다고 했던가. 인생의 꽃은 눈물의 이슬을 머금고 핀다고도 했던가. 민초들의 서러운 삶일수록 더욱더 그러한 법.

눈물 앞세우고 눈물 방울방울 길라잡이 삼아서 넘어야 할 길이 어찌 철길처럼 뻗는단 말인가. 마땅히 굽이치고 에돌아야 한다. 누구던가? "눈물에 저린 빵을 먹지 않곤 인생을 말하지 말라"고 한 것은. 그렇듯이 눈물에 저리고 저린 굽잇길 넘어보지 못한 채 삶도 인생도 말하지 말아야 하는 법. 휜칠하게 내뻗은 것은 작대기지 인생이 아니다.

고개를 말할 적마다 사람들은 참 절묘하게도 내리닫이길의 고개를 말하려 들지 않는다. 치솟은 비탈만을 말하려 든다. 구태여 숨이 가슴에 차게 헉헉거리면서 기어오르다시피 해야 하는 가파름으로만 고개를 얘기하는 데 한국인은 길들어 있다.

　　바람도 구름도 쉬어 넘는 고개
　　해동청 보라매라도 쉬어 넘는 고개.

옛 시조는 굳이 이렇게만 고개를 노래하고 있다. 고개는 단적으로 높이와 아스라한 꼭대기로만 인식되어 있다. 돌 구르듯 내려갈 고개는 애시당초 한국인의 화제에 올라 있지 않다. 꼭대기, 상상봉 마루를 넘어버리면 그걸로 고개는 끝나버린다. 한국인에게 내리막길은 고개가 아니다. 올라서 넘어야 고개지, 치달아서 휘어넘어야 고개지, 미끄럼타듯 내리굴러서는 이미 고개가 아니다. 발바심하듯 가는 고개, 굽이지며 가는 고

한 발 한 발, 천천히 아주 천천히 에돌고 휘돌아서 가는 길 그러면서 이겨서는 상승으로, 올라서는 극복으로 가고 또 가는 고갯길. 한국인은 삶에 역사도 그같이 겪어내려 들었다.

개 등에도 이미 한국인다운 '고개의 사상'이 비쳐져 있다고 할 것이나, 누가 무어라 해도 한국인이 고개에 부친 사상의 가장 으뜸된 알맹이는 오르막 고개에서 찾아야 한다.

한 발 한 발씩, 천천히 아주 천천히 에돌고 휘돌아서 가는 길, 그러면서 이겨서는 상승으로, 올라서는 극복으로 가고 또 가는 길, 그게 곧 고갯길이다. 그거라야 비로소 잿길이라고 한다. 완강함으로, 끈기로, 드디어는 오기로, 눈물 범벅인 얼굴에 이 앙다물고는 치고 오르는 길이라야 한국인다운 고개의 사상을 말하게 된다.

한국인은 삶도 그렇게 살고 역사도 그같이 겪어내려 들었다. 한국인의 삶도 역사도 고개요 재였기 때문이다.

"재는 넘을수록 높고 강은 건널수록 깊다"고 한 것은 한숨 탓도 아니고 체념 탓도 아니다. 도전하는 고개에 응전하는 끈질긴 목숨의 소리일 뿐이다.

간발하고 주먹 쥐고 용감하게 넘어간다
쓰라린 가슴을 움켜쥐고 백두산 고개로 넘어간다.

이 아리랑의 가사는 비단 독립군의 몫으로만 제한될 것은 아니다. 그것은 고개넘기로 한 세상 살아가는 한국인의 삶의 자세다.

우리들은 워낙 그렇게 살도록 태어났다. 우리들 누구나의 안태 고향은 문자 그대로 산골이다. 삼면의 산이 벽이라면 그 위로 요때기만한 하늘을 지붕으로 덮었다. 뒷산 자락, 품에 안긴 마을은 집으로 치면 안채다. 앞쪽으로 강보만한 들이 열린 것은 집안으로 치면 뜨락이다. 그나마 백 걸음도 못 가서 이내 앞산이 막아서면 거기가 바로 사립짝 낼 자리다.

산으로 세워진 집채 같은 마을이라 재 아니면, 고개 아니면 오도가도 못한다. 재로 막히고 고개로 열린 게 우리들 마을이다. 마을과 세상 사이를 들고나는 일, 아니, 아예 세상살이 그 자체가 고갯길이고 재넘기다. 한국인이 인생살이에 부친 고개의 사상은 이래서 생겨난 것이다.

한데, 이제 우리들은 반지빠른 샛길, 약삭빠른 지름길, 쏟아질듯 내리닫이길로, 일직선으로 트인 길로만 덤비고 있다. 아니, 그도 모자라서 샛치기, 앞지르기를 뛰고 날면서 해대고 있다. '폭주족 인생'이다. 길은 아무데나 있지만 길은 아무데도 없는 사회, 그게 지금 우리 사회임을 고개의 사상은 일러주고 있다.

2장 | 어머니, 아낙, 그리고 새댁을 찾아서

호미자루 녹이는 아낙들
— 손톱으로 바위 뜯어내는 어머니들

호미도 날이언마르난 낫같이 들 이도 없으니이다
아바님도 어이어신마르난, 아소! 어머님같이 괴실(사랑하실)이 없으니이다.

고려가요로 알려져 있는 「사모곡(思母曲)」에서 호미의 체모가 말이 아니다. 날치고는 무디기 짝이 없는 게 호미의 날이라서 날붙이들을 망신시키기 고작이다. 생선전에 꼴뚜기라면 날붙이에는 호미라고 해야 하는 것일까?

뿐만이 아니다. 농사연장으로서도 호미는 그 지체가 높을 수 없다. 밭일하는 기구로는 괭이나 따비 따위에 견주어질 수가 없다. 자루는 짧은데다 야위고 부리는 다부지지 못하니 땅을 제대로 파고 밭을 일구기는 애시당초 틀렸다. 그저 후비고 쪼고 하기에도 힘이 부칠 지경이다.

그냥 그 정도가 호미의 신수다. 그도 그럴 것이 호미는 아무래도 여자들 몫이기 때문이다. 아낙네 손아귀에서 놀기로는 다듬이 방망이와 다를 게

아녀자들은 들일을 해도 호미를 잡고 쪼그리고 앉아야 했다. 남정네마냥 우뚝 서서 힘차게 일하는 게 아니라 마냥 쪼그려 앉아 일해야 했다. 그네의 삶도 그렇게 자잘했다.

없다.

그래서 호미는 남녀차별이 혹심했던 조선조 사회의 성징(性徵), 곧 성적 징표의 하나다. 굳이 비유하자면 호미는 '고추 달고 태어나지 못한 애기'와도 같은 것이었다. 조선조 여인들이 "어쩌다 이내 신세 아녀자로 태어나 있어"라고 한탄했듯이 호미 또한 땅을 쳐야 했던 것이다. 농기구에까지 미친 성차별, 그것은 한국적인 '성의 잔혹'이 아닐 수 없다. 다 같은 농기구라도 괭이가 대장부라면 호미는 '계집'이요 '여편네'다.

대전시 괴정동에서 나왔다는 이른바, 방패형 청동기에는 괭이의 사촌격인 따비로 밭갈이하는 사내가 새겨져 있다. 실오락 하나 걸치지 않고 '알몸갈이〔裸耕〕'하고 있는 이 사내의 팔루스, 곧 양물은 따비와 비견

될 만큼, 그리고 따비와 평행되게 당당하도록 강조되어 있다. 따비가 곧 사내고 사내가 곧 따비라 해도 지나침은 없다.

농기구의 성차별은 이미 청동기구에서 비롯하고 있다. 어림잡아서 만년 안팎의 옛날 일이다. 키가 크고 몸집이 좋아서 땅을 곧잘 파내는 괭이는 남정네의 독점물이다. 하지만 왜소하고 허리 굽어진 호미는 아낙네 몫이었다. 이 사실은 논이 남성영역이고 밭이 여성영역인 것과 무관할 수 없다. 주곡인 쌀을 생산하는 논은 주인인 남편의 어엿한 제1의 영토다. 그러나 잡곡이나 부식 따위를 얻어내는 게 고작인 밭은 부가족(副家族) 격인 아내의 초라한 땅뙈기다. 그것은 집주인으로서는 식민지나 다를 게 없는 제2의 영토다. 논밭 사이에 남녀 성차별이 있었듯이 괭이와 호미 사이도 역시 성차별이 있었던 것이다.

왜 그랬을까? 굽어진 모양새가 토라진 마누라 같아 보였을까? 아니면 그 삼각형 부리부분이 앵도라진 여편네의 입 모양 같아 보였을까?

괭이로는 제법 우뚝 서서 일할 수 있다. 하늘로 휘둘러질 때나 땅으로 내려꽂힐 때나 쌩쌩 울리는 소리만큼이나 힘차 보였을 것이다. 정말이지 사내다웠을 것이다.

하지만 호미로는 청승궂게 쪼그리고 앉아서 일해야 한다. 기다시피 하면서 밭일해야 한다. 걸레로 방안을 훔칠 때나 아궁이에 불지필 때나 어차피 웅크려야 한다. 호미질도 그와 다를 게 없었으니 여인네들은 일을 할 적에도 기어야 했다. 여자 허리와 호미 허리와는 굽이질수록 좋았다고 보아야 하는 것일까.

흙바닥을 안고 돌 듯이 해야 하기에 그저 긁어대거나 콩콩 쪼아대거나

하게 마련이었다. 풀이나 뽑고 돌멩이나 캐내고 김이나 매고 하면 그뿐이었다. 그렇게 깔보인 것이다. 서서 휘둘러대는 괭이와 쪼그리고 쪼아대는 호미 사이에는 집안 대주(大主)와 여편네 사이만큼 큰 간격이 있었던 셈이다.

그런 판국이라, 어느 유행가가 깨방정을 떨고 있듯이 물동이와 호미자루 내던지면 농촌 여성은 삶의 밑천을 온통 포기하는 것이나 진배없었다. 호미는 여성의 저주요 짐이었다. 아니 멍에였을까?

박대당할수록 무거운 짐 지게 마련인 점에서는 호미와 여성이 서로 마찬가지였다. 여성에게 호미는, 특히 그 자루는 주릿방망이나 다를 게 없었다.

십여 년 전 이효석의 『메밀꽃 필 무렵』의 무대인 봉평장에서 멀지 않은 태기산 기슭에서 만난 할머니 한 분은 "정선읍내 물레방아는 물살을 안고 도는데 어쩌다 내 한평생 밭고랑만 안고 돌아"라고 노래했다.

해서 얼마나 안고 돌았냐고 물었더니 대뜸 "한 해 여름 호미자루 석 자루 녹일 만큼"이라고 응수했다. 말투는 아리랑 가락처럼 아릿했다. 물레방아 물살을 안고 돌듯, 신랑을 안고 돌아야 하는 건데 웬걸 밭고랑만 안고 돈 한평생, 해마다 해마다 여름이면 호미자루 석 자루씩 녹여댄 것이다.

'호미자루 녹인다' …… 누구나 예사로 할 말이 아니다. 한여름 뙤약볕 아래서 언덕바지 밭뙈기 매본 사람이 아니면 할 수 있는 말이 아니다. 움켜쥔 손아귀에 끈죽끈죽 땀이 괴면 호미자루는 삭는 게 아니라 녹아내리는 것이다. 밭이 탄 게 아니라 손아귀가 탔다. 애간장이 녹고 또 호미자루가 녹았다. 우리네 여인네 삶은 불밭, 땀골이었다. 그렇게 우리네

대전 괴정동 출토 방패형 청동기에는 따비로 밭갈이하는 사내가 새겨져 있다. 알몸의 이 사내의 양물은 따비와 비견될 만큼 팽팽하고 당당하다. 남과 여가 이렇게 달랐다.

여인네들의 삶이, 그리고 목숨이 녹아갔다.

그토록 지악스레 호미질해대는 막장을 '손톱으로 바위 뜯듯이'라고들 했다. 듬성듬성 바위가 박힌, 흙보다는 돌이 더 많은 무지렁이 땅뻬미를 일구다 보면 흙을 쪼는 게 아니라 바위며 돌을 쪼았다. 아금받게 붙박인 놈과 사생결단을 벌이다 보면 손톱으로 왜 아니 뜯어내었을라고.

이 지경이면 아, 이 지경이면 호미는 마침내 저주와 멍에를 다스릴 수가 있었다. 그럴 경우 호미는 허물을 벗어던지는 악바리 투지, 깡다구 세디센 오기 같은 것, 악다구도 섞인 의지 같은 것으로 탈바꿈할 수 있었다. 그것은 삶이라는 불밭에 여성들이 놓은 맞불 같은 것이었다. 호미자루 녹이면서 바위를 손톱을 뜯어내듯 호미질 한 여성들은 생활의 불밭을 삼키는, 충천하는 맞불길이었다. 그러기에 한 여름 유두날쯤에서 '호미씻이 날'을 맞아서는 정갈하게 소쇄된 호미는 신주이듯 섬겨질 수 있었던 것이다.

이제 되살펴 보자. 바위 손톱끝으로 뜯어내듯이, 그리고 호미자루 녹여내면서 호미질하시던 우리 가난한 어머니들 계시지 않았다면, 하고 가정해 본다면 어떻게 결론이 나올까? 그것이 곧 근대화를 이룩한 우리들 교육열을 뜨겁게 담금질한 원동력이 아니였다고 우길 사람은 아무도 없을 것이다.

그러나 호미가 얼마나 더 오래 우리 곁에 머물게 될지 알 수가 없다. 하지만 그 자루 녹아내리던 저 땀기운, 우리들 어머니의 손바닥 땀기운의 의미, 그리고 그 호미로 해서 바위 손톱끝으로 뜯어내듯 한 그 분들의 저 의지는 산업사회의 지표로서도 길이 간직하고 싶다.

어느 새댁의 물병
— 부디 물이듯 섞이소서, 이 한 몸

"물아, 나하고 살자."

아슴한 세월을 건너뛰어서 새삼 되뇌어 보는 목소리에 전혀 주름이 지지 않았다. 삼십 년을 웃도는 나날이 야반도주하듯 달아나버린 가마득한 세월의 굴길 너머로.

"물아, 나하고 살자."

읊조리듯, 되뇌는 축수소리는 어둡고 좁은 굴길 저 너머 초입에서 다시금 동터오르는 환한 젊음의 빛이듯이 풋풋했다.

열여덟의 나이. 그 개벽의 갓밝이 같은 나이. 신행 와서 사흘 되던 날, 그 새벽에 새댁은 동네 안 우물에다 대고 합장했다.

"물아, 나하고 너하고 살자."

지금부터 꼬박 삼십오 년 전 일이다.

그 당시 하동 고을에서는 '사흘 신행'을 했다. 워낙 삼 년이던 것이

바가지에 담기면 수더분한 맛을, 대접에 담기면 깔끔한 맛을 내던 물은 이 땅의 여성이었다. 하동군 악양면 평사리 마을, 우물가에서 물을 긷는 한 아낙네의 모습에서 이땅 여성들의 애환과 질곡의 세월을 되뇌는 듯하다.

줄고 줄어서 된 초단축형 신행이었다. 혼례(부디 결혼이라고는 하지 말자) 치르고 친정에서 초야 겪고 이튿날 겪고 난 다음 새 각시는 사흘째 아침, 이바지할 거리(시가 조상에 바칠 제수)를 간직하고는 먼저 돌아간 신랑을 뒤쫓아서 처음으로 시집을 갔다. 새 길을 가는 행보라고 해서 '신행'이라고 한 것이지만 옛날대로라면 영영 못 돌아올 마지막 행보, 곧 '종행'을 겸한 신행길이었다.

이래서 가부장제 사회에서 여성들에게 혼례는 '단절의 의례'일 수밖에 없었다. 신랑과 마찬가지로 새로이 짝맞춤하는 '결합의 의례'로서 혼례를 치르는 것이지만 신부는 신랑과는 달리 따로 단절의 아픔을 겪어야 했다. 이래서 이 나라 딸들은 돌아올 길 없는 신행을 떠났으니, 딸을 시집보내면서 '여읜다'고 한 것이 바로 이 때문이다. 사람의 이별,

생이별, 죽은 이별 할 것 없이 우리들은 '여읜다'고 하지 않았던가. 탯줄 떼고 젖 떼고 그러고도 한국여성은 남성과는 달리 집 떼는(친정 떼는) 진통을 겪어야 했다.

큰언니, 이모, 고모 등이 구실을 맡게 마련인 웃각시의 호위를 받으면서 신행 온 새 각시는 원래 앉은 자리에서 밥상 받고 물리고 했다. 시집살이 초년에 오직 한 번뿐인 칙사대접이다. 하지만 그거야말로 폭풍전야의 고요 같은 것, 사흘째부터 새댁의 인생항로는 모질고 거칠었다.

바로 그 사흘째 아침, 한치 앞을 미리 못 내다볼 독한 새로운 항로를 새댁은 우물긷기로 시작했다.

새 따방이(또아리)로 동이를 머리에 얹고 부엌을 나서는 그녀의 앞가슴에는 백자물병이 안겨 있었다. 베적삼에 그것은 어울리지도 않게 귀물스러워 보였다.

우선 집안 뜰 네 귀에 물병을 기울여 잔이라도 따르듯 물을 부었다. 그로써 터주며 업주 따위 집안 신령들을 달래고 부정도 물리는 것이었다.

그리고 시집을 나서 고샅을 지나서 우물에 당도하면 독을 내리고는 가슴에 안았던 물병을 두 손으로 모셔 받들었다. 그대로 꿇어앉으면 신령 앞에 엎드린 모습과 다를 게 없었다.

새각시는 여기서 거듭 친정 어머니가 일러준 대로 받아 적은 쪽지를 살폈다. 그리곤 몸을 일으켰다. 우물 네 귀에 물을 따르면서 나직하게 수축했다.

"이 시집 어찌 살꼬. 물아, 나하고 살자."

꼬마들이 간신히 기어들어 갈 정도로 앞이 틔어서 물이 흘러내리고 있는 바위굴, 사람들이 '천령'이라고 일컫고 있는 우물 위쪽 바위굴이

경남 하동군 악양면 평사리 마을 전경.

있는 왼쪽 귀에서 시작해서는 왼돌이(좌선회)로 네 귀에다 차례로 물을 붓고 그리곤 허리를 연신 굽혀댔다. 그러면서도 행여 실수라도 있을까 해서 어미말이 적힌 쪽지를 살폈다.

천령의 바른쪽 윗귀, 그러니까 마지막 귀에 물을 따르고는 치렁대던 청실홍실, 병목에 감겨서는 치렁대던 청실홍실을 새댁은 제 손가락에 감아 보았다. 친친 휘감았다. 그것은 신랑과 손가락 꺾음으로 사랑다짐 하는 시늉, 이어서 신부는 눈을 감았다.

우물에 물병 물이 풀리고 스러져 가는 자국이 눈에 선했다.

"아, 그렇듯이 나도, 이 몸도 이 집안에 자취 없이 함수(含水)하고 마는 거야."

바람 탓일까. 새댁 감긴 안 눈썹이 파르르 떨리는 것 같았다.

이 대목을 일러서 '물섞음의 의례' 또는 '함수의 의례'라고 이름짓자. 하지만 하고많은 혼례절차의 작은 한 토막이라고는 하지 말자. 마지막 매듭, 대단원이라고 해야 한다. 서늘하게 잔잔하기는 샘물 같고 간절하기는 불길 같은 마무리 절차라고 보아야 한다.

백자 물병은 초례상에 놓여져 있던 것. 푸르고 붉은 실타래를 목걸이 삼아서 걸치고 상위에 좌우로 하나씩 좌정한 병에는 대나무와 동백가지가 꽂혀 있었다. 절개의 푸르름이 대라면 사랑의 꽃다운 붉음은 동백이었다.

'꼬꼬 재배'로 신랑신부 머리 조아리며 합환주 나누어 마시는 향그런 정경을 줄곧 지켜보던 그 물병의 목을 밀랍마개로 봉하고도 신부는 신행길 가마에서 애가 닳았다. 가마꾼이 일부러 초란이 방정으로 촐삭대면 가슴에 부여안은 물병이 할딱대고 그러는 서슬에 어쩌다 울꺽울꺽 물을 토할 것 같았기 때문이다. 신부는 그 봉긋한 가슴속이 방아를 찧어대는 만큼, 동그란 병속 물도 출

친정어미가 딸을 시집보내면서 딸애 가슴에 안겨주던 백자물병은 어미의 친정에서부터 대물림한 것이다. 조선조 중기 이후 유일하게 모계 상속품으로 전해져 모녀 사이의 끈끈한 정을 이어주던 상징물이었다. 딸은 친정마을의 물을 이 병에 담아 와 시댁마을의 우물에 붓고 '물아 나하고 살자'라고 빌었다.

렁댄다고 생각했다.

"아가, 너는 이제 이 병속 물이제. 시댁 우물에 이 물이 자취도 없이 삭아들거든 너도 네 시댁에 가뭇없이 녹아버려야제. 그렇지, 없는 듯이 아주 죽은 듯이 네 시댁에 녹아버려야제."

딸을 길이 여의어 보내면서 어미는 이렇게 울먹였다. 어미의 친정에서부터 대물림한 물병, 조선조 중기 이후, 유일하게 여계(모계) 상속품으로 전해진 그 물병을 딸년 가슴에 안겨주며 어미는 병목에서 쏟아져 내릴 물병보다 더 굵은 눈물을 그예 쏟고 말았다.

하동군 악양면 평사리 마을 우물가, 사십 년에 조금 못 미치는 까마득한 날을 회고하면서 늘그막의 한 아주머니는 새삼 우물로 목축이면서 되뇌는 것이었다.

"물아, 나하고 살자."

자신을 고집하지 않고 자기를 잃는 것으로 비로소 존재를 부지했던 여성, 그들은 물이었다.

됫박에 담기면 모나고 사발에 담기면 둥글어지던 물, 바가지에 담기면 수더분한 맛을, 대접에 담기면 깔끔함 맛을 내던 물은 이 땅의 여성이었다. 그나마 물도 예사 물이 아닌 '맹물'이던 여성의 슬픈 내력이 신행물병에 담겨졌다.

하지만 이제 그 물의 여성은 자갈밭에 부려진 몽돌 같은 딸들을 적잖이 낳고 길렀다.

자갈밭에 돌 구르는 소리, 그 알력의 소리 들으면서 이제 우리들은 한국 여성사의 어제와 오늘을 가름한다.

불씨 지켜 오백 년
— 가문이라는 것, 전통이라는 것

　호롱불, 초롱불, 등잔불, 화롯불, 화토불, 겻불, 아궁이불에 군불, 그리고 잉걸불이나 모닥불, 아니면 등걸불 등등…….
　다들 꺼져버린 우리의 옛 불들. 재도 남지 않고 삭아져버린, 그래서 불씨 하나 남기지 못한 우리의 불들이다.
　세월 따라 가버린 하고많은 불들 자취 아슴히 더듬으면 이제 더는 불 지피지 못해서 더워지지 않을 우리들 마음이며 정이 푸석하게 재를 날리는 기척 역력하다.
　많이 들먹일 것 없다. 잉걸불이나 모닥불로도 얘깃거리는 족하다. 이들 불 쬐며 우리들은 손과 몸만 녹인 게 아니다. 마음을, 그리고 정서를 더 많이 데울 수가 있었다. 무엇보다 우리들은 이제 석유나 전기난로를 두고는 '쬔다'는 그 말을 아예 쓰지 않고 있다. 또 우리들은 이들 스토브를 에워서는 동그마니 돌아 앉지 않는다. 세월이 가고 시대가 달라지

한국인에겐 가문의 씨가 있듯이 한 집안 불의 씨앗이 있어 왔다. 전남 영광읍 입석리 영월 신 씨네 종가 안방엔 500년 동안 내리다지로 꺼진 적 없는 불씨가 남겨져 있다.

면서 불도 달라진 것이다.

정겨운 옛 불들이 하나둘씩 꺼져가면서 그 불씨 또한 끊기고 말았다. 곡식이 아닌 경우, 한국인은 다만 혈통과 불을 두고서만 씨앗의 비유법을 사용했다. 가문의 씨가 있듯이 한 집안 불의 씨앗이 있어 왔다. 그리하여 혈통의 씨받이가 있었듯이 불의 씨받이가 있었으니, 며느리들이 그 구실을 도맡았었다. 며느리들은 불씨받이들이었다. 이제 불씨 끊기고 며느리도 끊긴 것일까?

며느리들은 '후후' 하고 불기운 일으켜서는 '호호' 하고 불기운 다독거렸다. 며느리들은 '후, 호' '후, 호' 불씨 불면서 혈통의 씨앗도 이어

갔다. 불씨는 부채로 일으킨 게 아니고 불돌로 눌러서 지킨 것도 아니다. 며느리 입김으로 일으키고 지킨 게 불씨다.

그래서 전해지게 된 불씨 얘기 한 토막이 있다.

옛날 옛날 그 옛적에 어느 착한 며느리가 곧잘 불씨를 지켜왔다. 삼대를 지켜오던 것이니 왜 아니 그랬을라고. 하지만 어느 새벽 일어나 보니 난데없이 불씨는 꺼져 있었다. 놀란 며느리는 어른들 몰래 이웃 동서집으로 불씨를 얻으러 갔다. 한데 어쩌다 며느리만큼 일찍 일어난 시아버지가 이를 지켜보았을 줄이야. 화로에 불씨를 담아서 살금살금 사립문을 들어서는 그녀에게 불호령이 떨어졌다.

"불씨를 꺼뜨렸으니 당장에 나가거라."

하지만 며느리는 의젓했다.

"가라면 가겠습니다만 억울한 사정이 있습니다. 불씨가 꺼져서 빌려 오는 게 아닙니다. 간밤에 빌려 준 것을 찾아오는 것뿐입니다. 한데도 나가라 하시니 영을 따르겠습니다."

그리곤 넓죽 큰절을 하는 며느리에게 시아비는 미소를 머금고 말했다.

"오냐, 알았다. 다시는 더 빌려주지 말아라. 네 시어미 알까 겁난다."

어진 시아비는 불씨보다는 며느리의 기지와 국량을 더 높이 평가한 것이다. 불기운을 집안 기운, 살림 기운으로 섬겨왔던 옛사람들이 일구어낼 만한 다사로운 얘기가 아닐 수 없다.

그렇다. 가문도 가세도 불일 듯 하라고 축수하면서 다들 살아왔다. 정념과 사랑이 불길이었다. 오죽하면 원한마저 불길이었을라고. 그저 무엇이나 억센 것, 기세 등등한 것은 모두 다 불이고 불길이었다. 잉걸불 피워놓고서 그 불길의 기세로 풍어를 점치며 어부들은 고기잡이를 나갔다. 모닥불 피워놓은 위를 기세 좋게 건너서 신랑으로 하여금 혼례자리에 들어서라고 했다. 집들이하면 별 쓸모도 없게 된 성냥이며 초를 오늘날에도 여전히 사들고 가는 풍속의 연유를 이에서 헤아릴 만할 것이다. 섣달그믐밤을 꼬박같이 불 밝히고 지새는 것은 묵은 해의 불기운을 새해에로 옮겨놓자는 심산 때문이다. 따지고 보면 그것도 일종의 불씨 지키기다.

그래서 각 지역마다 삼대째, 내림으로 불씨 지켜온 집안며느리가 복을 탄 얘기가 전해지게 된 것이다.

옛날 옛날 사뭇 옛날, 한 시골집에 마음씨 고운 며느리가 살았었다. 삼대째 이어진 불씨라서 매일같이 잘 지켜낸 것인데 웬걸 어느 아침 일어나 보니 불씨가 싸늘하게 식어 있는 게 아닌가. 되피우고 꺼지고 하기를 연 사흘, 미심쩍어진 불씨받이는 밤새 화로를 시켰다. 한데 웬 족제비(혹은 여우) 한 마리가 무슨 심술인지 꼬리에 담뿍 물을 묻히고는 뚝뚝 세 번 하필 불씨에다 대고는 털어대는 게 아닌가. 놓칠세라. 그놈의 뒤를 쫓았다. 얄궂은 그 짐승굴에 당도했을 때 불씨받이는 크게 놀랐다. 금은보화가 굴 하나 가득했기 때문이다.

그것은 무려 삼대째 불씨를 지켜낸 공덕에 대한 보상을 화덕진성(火德眞聖)이나 불신령, 혹은 조왕신령이 새 며느리에게 내린 탓이라고 옛 노인들은 풀이하곤 한다. 줄거리가 조금 달라져서 동자삼이 사람으로 둔갑해서 등장하는 경우에는 새 며느리가 애기 크기 만한 산삼을 얻는 것으로 얘기가 마무리되기도 한다.

이 얘기는 적어도 삼대에 걸쳐서 내리다지로 지켜낸 불씨가 있었음에 대해서 증언해 주고 있다. 그것은 삼대째 마다 불씨를 시어미, 며느리 사이에서 경신했다는 것을 더불어서 의미하기도 할 것이다.

말이 쉬워서 삼대다. 줄잡아서 육십여 년 화로에 담긴 불씨를 꺼뜨리지 않다니, '집안목숨'이란 생각 없이는 엄두도 못 낼 일이다. 간밤에 아궁이 불 가운데 숯을

신 씨 종가댁의 대문. 이 대문은 임금이 사액(**賜額**)한 효자 정문(**旌門**)을 겸하고 있다.

골라서 안방 화로에 담아서 재에 묻고는 다음 날 신 새벽 아궁이에 도로 내어가서 다시금 불사르는 것이다. 갈잎이나 짚 부스러기를 쏘시개 삼아서 불꾸러미를 일구고서 불 지피고 다시 또 밤이면 그 숯찌꺼기를 거듭 화로에 묻고 하기를 삼대째, 삼백예순 날 되풀이 한 것이다. 하기에 불씨를 지키는 일을 복 가꾸는 일이라고 일러 온 것이다. 하지만 그게 어디 예삿일이라고. 농사일, 길쌈일, 다 무섭다지만 그중 맵고 독하기로는 불씨가꾸기가 으뜸이었다. 집집마다 며느리들은 불이야 옥이야 하고 불씨를 지켜온 것이다.

그런데 삼대도 지독한데 근 이십대, 한 오백 년 불씨를 지켜온 집안이 있다고 하면 믿어나 줄까? 없긴 왜 없을라고. 전라남도 땅 하고도 영광읍 입석리 영월 신 씨네 종가 안방엔 지금에도 뚜렷하게 꺼진 적 없는, 오백 년 동안 내리다지로 꺼진 적 없는 불씨가 남겨져 있다. 물론 쇠화로도 간직되어 있다. 이것은 절대로 믿거나 말거나가 아니다. 불을 보듯 확연한 사실이다.

한때 지독한 '새것 콤플렉스'에 걸려서는 옛것이라면 그저 원수처럼 부수고 짓이기고 그리곤 말살했다.

'신(新)'자만 붙으면 막무가내로 광땡 끝발을 잡은 논다니 노름꾼 마냥 좋아들 했다. 그것은 고려왕조 이래로 조선왕조로 이어진 악의 유산 같은 의식이다. 그런 광풍 속에서 오롯하게 지켜진, 그것도 반세기에 걸쳐서 지켜진 불씨와 쇠화로. 그것은 민족 전통, 그리고 전통 문화의 불씨라고 한다면 지나친 과장일까?

십팔대조 신보안 광주목사에게서 비롯해서는 당대의 종손 종하 씨까지 이 집안 며느리들은 아침 낮 저녁 하루 세 차례씩 묵은 불씨를 담아 부으면서 쇠화로를 지켜왔다.

한데 어느 대 어느 며느리라고 밝힐 것은 못되지만 좌우간 어느 며느리 한 분이 하도 지겨워서, 하도 불같이 화가 나서 쇠화로를 내동댕이쳤다.

그래서 남겨진 생채기 역력한 채로 이 댁 화로는 모셔져 있다. 아직도 불씨 간직한 채로. 그것은 지악스레 가통이며 전통을 지켜 내리는 사람들의 고통, 크나큰 아픔, 열정스런 아픔의 징표로 오늘날에 사뭇 눈부시다. 아니, 불길 일듯 이글대고 있다고 하자.

장독대와 장독줄
— 아! 그 질긴 어미 자식의 인연

인간에게는 근본적인 태(모태)와 맞견주어질 공간이 있다. 이를테면 안방, 집, 고향, 품 등이 그렇다. 짐승으로 치면 보금자리나 둥지 같은 것이지만 이들을 통틀어서 '모태성 공간'이라고 불러도 좋을 듯하다.

현대인이나 도시인이 된다는 것은 이 모태성 공간을 등지고 떠나는 일, 혹은 그것을 잃어가는 일이다. 모태성 공간 상실로 우리들은 20세기 후반을 아주 구겨버린 셈이다. 그리하여 모태성 없는 공간에 엉겨붙었다. 그 결과 우리들은 누구나 정신적으로 사생아가 아니면 고아가 되었다. 현대는 거대한 고아원, 그것도 사생아가 즐비한 고아원이다.

무엇보다 우리들은 고향을 잃었다. 안방도 잃었다. 아파트 안에서 더러 안방이란 말을 쓰기도 하지만 그것은 돌이킬 수 없는 추억에 부친 가명(假名)일 뿐이다. 그것은 아파트가 우리집 아닌 우리집인 것과 같다.

이렇듯이 우리들은 줄줄이 모태성 공간을 잃었거니와 달리 장독대 잃

집안 제일 명당자리에 위치한 장독대. 장독대는 가사와 가통을 잇는 신성한 별채요 나간 식솔들의 안녕을 비는 어머니의 터, 영원한 모태성의 공간이었다.

은 것도 함께 얘기해야 한다. 그렇다. 집안살림 규모로 우리들의 현대성을 규정짓자면 '장독대 없음'을 지적해야 한다. 독이며 단지며 동이, 그리고도 시루며 버지기 등 이제 이름마저 잊혀진 옹기들은 죄 부셔지고 깨어지고 말았다. 그리하여 이 또 다른 우리들의 모태성 공간 그 자체가 아예 낙태수술을 받고야 말았다.

 장독대는 무엇보다 어머니의 공간이다. 안채의 뒤편 부엌 문턱에 붙은, 햇살이 잘 드는 집안 명당에 좌정하고 있어서 더욱더 모태성이 두드러진다. 장독대는 그대로 하나의 별채요 안채의 또 안채다. 둥글게 또는 네 귀 반듯하게 지붕 없힌 담이 둘러처진 것부터가 가히 그 각별남을 잘 보여주고 있다. 남정네며 외인들만이 아니라 잡귀나 부정도 얼씬대지 못하게 작은 성곽이 세워진 이 공간 안에서 우리들 어머니께서는 어엿한 여성주(女城主)셨다. 우리들 누이네는 봉선화 꽃물 들이고 소꿉놀이도 하면서 어머니 공간을 풍성스레 치장하는 공주들이었다.

게다가 짐짓 여러 꽃나무를 심었으니, 능소화, 치자, 모란, 함박, 국화 등이 철따라 장독대를 에워싸고 피어났다. 이리하여 장독대는 꽃대가 되고 그래서 모태성 공간의 속성은 더욱 빛이 났으니 장독대는 필경 어머니 태 바로 그것이다. 거기서 옛 어머니들은 '집안 무당'이란 이름에 어울리게 치성들이고 비손을 했다. 엎어놓은 큰 독 위에 정화수 떠놓으면 그로써 고사상차림은 넉넉했으니 덩달아서 장독대는 제단이 되고 어머니들은 사제자(司祭者)가 되었다.

장맛 변하지 않는 한, 집안에 우환이 없다고 했으니 장독대가 제단이 되었음은 그럴싸한 일이다. 장맛이 시어머니, 며느리 사이에서 변치만 않는다면 한 집안 대물림도 탈이 없다고 했다. 장은 집안의 안녕과 내림을 위해서도 그 간기운을 발휘하는 것이니 가사(家事)와 가통에도 장은 쳐야 했다. "십 년 묵은 장독에 군물이 돌면 돌지 너하고 나하고 맘 변할 수가 있나"라고 아리랑이 노래한 것은 바로 이 때문이다. 가사와 가통을 위해서도 간기운을 발휘해야 하는 장이 모셔진 장독은 이래저래 성역이 아닐 수 없었다. "광에서 인심 나고 장에서 맛이 난다"고 했으니 그 맛이란 게 이를테면 '집안맛'까지도 갈무리 한 것이다.

다른 독은 몰라도 장독은 굳이 장 담근 직후에 왼새끼의 금줄을 둘러쳤다. 별신굿 치를 당집이나 당나무 모시듯 한 게 장독이었다. 그러고도 모자라서 흰 종이로 도려낸 버선보 한 짝, 거꾸로 해서 금줄에 매달고는 '굴뚝'이라고 소리쳤다. 버선보는 재액을 막아줄 금군(禁軍)의 다리 같은 것이었을까? 굴뚝은 그 화기로 부정을 막아낸 힘이었을까? 연유를 제대로 캐기는 어려워도 이들 주술로 해서 장독이 신주독이요 장이 신주물이었음을 헤아리기는 어렵지 않을 듯하다.

장의 위층에 곰팡이가 앉으면 구태어 '찔레꽃 곱다'고 했다. 그게 필경 버케와 다를 게 없다고 해도 장의 마음을 상하게 할까 보아서 굳이 꽃으로 미화해서 부른 것이다. 꽃이 피는 장, 그게 한국의 장이다.

적어도 주부라면 이 만큼은 집안일에 마음써야 마땅한 것. 그런 어머니들을 위한 안채의 또 안채였으니, 장독대가 왜 아니 모성 공간이었을라고.

하지만 어머니들은 또 다른 비술(秘術)로 장맛 다독대듯 집안을 다독됐다. 집안 식구가 나가서 오래 소식이 끊기거나 돌아오지 않으면, 애간장이 짙은 간장빛이 다 된 어머니들은 장독대 안에 거미집 같은 줄을 쳤다. 독하나 동여매고 남는 줄로 그 옆의 항아리 동여매고 또다시 그 옆의 단지 동여매고 하는 식으로 거미줄 닮은 장독줄을 쳤다.

바보같이 왜 그랬을까, 라고는 묻지 말자. 예부터 인연일랑 '맺는다'고 했다. 그래서 연줄이란 말이 생겼으니, 혈통은 아예 핏줄이라고 하지 않았던. 사람과 사람 사이가 모두 줄이요 끈이다. 하기에 "전보줄 끊어진 것이야 구리철사로나 잇지, 우리들 정 끊어진 것은 무엇으로 잇나"라고 아리랑은 소리친 것이다.

남녀의 연줄은 청실홍실이라고 했다. 해서 초례상에 나란히 물병 두 개를 얹고 서로 청실홍실로 묶으면 가시버시는 신방 차리지 않고도 이미 한 몸이 되는 것이었다. 하기에 장독에 줄 친 것이야 어찌, 핏줄치기가 아니겠는가? 식솔이란 워낙 한 장독대에 오밀조밀 서 있고 앉아 있고 하는 독이며 동이 같은 것. 고만고 만하게 어깨 맞대고 살갗 맞부비고 있는 장독대 옹기들처럼, 식솔이야 원체 울안에 한데 모여 있어야 하는 것. 버지기가 아랫목 마나님이라면 커다란 장독은 사랑채 대주 같은 것.

그래야 할 식솔 가운데 누구 하나 여의어 없다면 깨어진 장독 빈자리 보듯이, 우리들 어머니 마음엔 금이 갔다.

올해 추석머리에도 얼마나 많은 어머니들이 장독줄을 매었을까? 어머니 곁을 떠나면서 모태성 공간마저 여읜 식솔들을 위해서…….

장이 담겨진 장독은 성역이었다. 장 담근 직후에 왼새끼로 금줄을 쳐 부정을 막았고, 식솔이 나가서 소식이 끊기면 어머니는 장독과 장독을 묶고 연줄을 쳐 무사를 빌었다.

하지만 세상 달라지고 핏줄마저 묽어진, 거짓말처럼 묽어진 세월, 면죄부 따내듯 하루 이틀 번갯불에 콩 구어먹듯이 다녀간 자식들의 뒤꼭지 바라듯, 거듭 장독줄 밑에 머리 조아렸을 우리들 어머니 눈자위 이슬방울에 왜 그토록 지악하게 짙푸른 달빛은 철철 쏟아지는 것일까?

감감히 멀어져 간 자동차 뒤에다 대고 "아이고, 남의 집 차는 고장도 잘 나더니만……."이라고 혼잣말을 한 파리한 어머니들 목소리를 달빛은 들었기 때문이다.

죽음의 우물
— 아버님, '돈진지' 드소서

 다음은 실제로 호남의 어느 지역에 전해져 있는 서릿발 성성한 전설이다.
 한 처녀가 시집을 갔다. 물건가지처럼 돈에 팔려서 시집을 갔다.
 지체 좋은 집안의 딸로 자랐는데 시집이라곤 더럽게 갔다. 밭 몇 떼기, 논 몇 뺌의 문서와 맞바꾸어진 것이다. 장가는 내려가도 시집은 올려가라고 한 것인데 이건 돈 보고는 올려가도 집안 지체로는 내려가도 한참을 내려간 시집이었다.
 늘상 지체 자랑만 해대던 애비가 나서서 한 짓거리였다. 필경 인간시장의 장주릅(거간)짓을 딸을 두고 한 게 곧 애비였다.
 신부는 첫날밤을 아픔으로 울었다. 삶이 짓부셔지는 아픔이었다. 둘째밤은 부끄러움으로 울었다. 수줍음의 부끄러움이 아니었다. 치욕의 부끄러움이었다. 셋째밤은 "차라리 내가 너를 죽어서 여의였으면……"

그렇게 넋두리하던 친정 어미 피눈물과 함께 무너지는 세상을 울었다.

남편이란 건 돈지랄하는 바람둥이였다. 사람은 돈푼수로 안다는데 언젠가는 계집독에 더한 돈독에 오갈이 들어서 뒤질 게 뻔한 그런 위인이었다.

무섭고도 모진 건 세월이던가. 구렁이처럼 미적대면서 징글맞게 한 해가 거의 다 기운 어느 날, 밤들어서 애비가 딸을 찾아왔다.

바깥사둔끼리의 내왕은 거의 없던 당시라 원행길에 들렀다는 말이 어색했다. 차림새라고 매양 후줄근한 게 마음 아팠다. '그저 저러실 걸, 딸 시집은……' 생각만으로도 목이 메었다. 측은함과 원한이 뒤범벅인 채 오랜만에 애비 밥상을 차리는 딸의 손길이 떨리고 있었다. 상 가장자리에 떨어지는 눈물 방울을 몇 번이고 훔쳐내어야 했다.

애비 앞에 상을 올리고 그녀는 도망치다시피 일어섰다. 방을 나서는 그녀 어깨의 흐느낌이 어둠을 흔들고 있었다.

무심해서였을까. 애비는 헛기침 한 번 토해낼 틈도 없이 밥술을 들었다. 허기에 쫓겨서 연달아 두세 순갈을 삼키다시피 했다. 그리곤 얼마쯤 느긋해진 그는 한 숨 돌리고 순가락으로 밥을 떴다.

"절컹."

이상했다. 웬 쇠붙이 소린고? 숟가락으로 휘저어 보았다.

"절그락 절그락……."

연해서 쇠붙이끼리 부딪히는 소리가 울렸다. 밥을 손바쁘게 떠내 보았다. 그릇 바닥을 들여다 보았다.

아! 거기 있는 것은…… 돈이었다. 밥에 묻혀 있는 것은 뜻밖에 엽전꾸러미였다.

애비는 그냥 앉아 있을 수가 없었다. 그저 경황없이 어둠 속으로 내달았다.

"아버님, 돈 보고 딸년 시집보낸 우리 아버님."

그런 소리가 한사코 뒤쫓아오는 듯했다.

돌부리에 걸렸을까. 벌렁 나자빠지는데 또 다른 소리가 덮어씌우는 것이었다.

"아버님, 돈 드십시오. 돈진지 드십시오."

소리는 이제 메아리가 되어서 울렸다.

"아…버…님, 진지돈 드세요요요……."

다음 새벽, 딸은 우물 속에서 건져 올려졌다.

물귀신은 봉긋한 배를 감싼 행주치마를 두 손 맞깍지를 끼고는 부여안고 있었다.

여럿이 억지로 두 손을 풀었을 때 다들 소리를 질렀다.

행주치마 폭 그득한 것은 엽전꾸러미, 온 배에 칭칭 구렁이처럼 감긴 것은 엽전꿰미였다.

측은하기보다는 된소름 돋을 얘기다. 불쌍하기보다는 숙연한 전설이다. 유독 전설은 비극성을 강하게 지니고 있는 것이지만 이 '돈밥' 만큼 늠연한 비극성을 갖춘 한국의 전설은 흔하지 않다.

한 겨레의 문학의 수준은 비극의 강도로 가늠된다. 한데 왜 우리들은 치사하게 돈으로 비극성을 말하고 있느냐고 우겨서는 안 된다. 희랍인들이 혈친 사이의 피비린내로 그 비극을 얼룩지게 한 것은 필경, '피의 순화' 때문이듯이 돈독으로 비극의 강도를 높인 것은 '돈의 순화' 때문일 수 있다는 것을 놓치지 말아야 한다.

우리들 인간은 돈을 셀 수가 있어도 그 자신의 욕망은 헬 수가 없다. 한데 인간은 손으로 돈을 세는 게 아니다. 욕망으로 돈을 센다. 한번 부풀면 미치게 마련인 그 욕망으로 돈을 세려고 한다.

돈은 그래서 인간 욕망이기보다 인간 광기, 인간 광증(狂症) 그 자체다. 그걸 '인간 파라노이아'라고 부르는 것을 머뭇댈 아무 이유도 없다. 돈의 광증을 부추기면서도 그걸 다스리려고 드는 난감한 인간제도를 우리는 속칭 자본주의라고 한다. 미친 말타기를 하는 로데오처럼 돈에 윤리의 고삐를 매려드는 곡예사를 우리는 자본주의라고 부른다.

하지만 이 가뭇없는 짓을 하려고 든 것이 구태여 자본주의만은 아니니 사람 환장할 노릇이다.

고려인은 「공방전(孔方傳)」이라는 소설 비슷한 것, 한 편을 남기고 있다.

주인공인 엽전을 공방이라고 이름붙인 것은 엽전의 모양새 때문이다. 겉은 공이니 둥글고 안에 방이 나 있으니 모져 있다. 요컨대 정방형, 곧 사각을 원이 에워싼 모양새가 엽전이니 그게 곧 공방이다.

한데 이 돈의 공방은 무엇보다도 '천원지방(天圓地方)', 곧 하늘 둥글고 땅이 모난, 그 천지의 형상을 본따고 있다.

천지의 이치가 돈에 담겨진 것이다. 하늘같이 둥글고 드밝게 우리를 비춰줄 것, 대지처럼 모나고 틈실하게 우리를 떠받쳐줄 것이 이내 돈이길 바라면서 우리네 조상은 돈의 모양을 '원방'으로 한 것이다.

"돈을 만지는 자는 마음할지어다. 하늘 우러러 부끄럼 없듯이 땅을 내려보아 거리낌 없는가를 마음할지어다!"

원방인 돈이 외쳐대는 절규다. 계명이다. 하늘 쳐다보듯 돈을 보라고 했고 대지에 논밭 가꾸듯 돈을 간수하라고 한 것이다.

어찌 그뿐만이랴. 돈은 한 곳에 오래 머물지 말라고 구태여 동그랗게 만든 것. 두리두리 돌아다니라고 하늘처럼, 하늘의 해와 달처럼 원융자재(圓融自在)하라고 돈은, 엽전은 둥글다.

돈은 그러고도 또 방정(方正)하라고 네모져 있다. 품행(品行) 방정의 그 방정을 모른다고 하지 말라. 돈 갖기를, 돈 모으기를, 돈 쓰기를 인간 품행 바루듯 하라고 한 가르침으로, 윤리의 교본으로 돈은 모나 있다.

인간 광기를 인품으로 다스리라고 했으니 환장할 노릇이 아닌가. 하지만 이 가르침은 너무나 근사하다. 곡예라고 해도 한번 겨루어 볼 만하지 않는가.

우리는 돈 안고 물귀신 된 딸 애비꼴을 되지 말아야 한다. 아니 스스로 돈 안고 죽을 돈귀신을 되지 말아야 한다.

마음 비운 여인의 푸른 돈
— 누르기 위해서도 욕망은 있으니

인생은 유한한데 욕망은 무한한 것. 그래서 욕망은 인생을 압도하기 마련. 해서 욕망이 삼키다 남은 인생의 배설물을 죽음이라고 한다.

욕망의 지수(指數)를 짚어내는 공식, 그런 게 있을 것 같지 않다. 욕망은 그것이 채워지는 것의 제곱에 비례해서 불어난다.

그 왜 개구리 우화가 있지 않던가. 배 부풀리기 내기를 하다가 드디어 배가 터져 뒤진 개구리는 실상 인간 욕망에 붙여진 또 다른 이름이니라.

술이 지나치면 주사(酒邪)를, 병이 지나치면 병사(病邪)를 하듯 욕심이 지나치면 욕사(慾邪)를 한다. 술에 취해 개가 되지만 욕심에 취하면 똥개가 된다.

오죽하면 '욕심부린다'고 했겠는가 말이다. 아랫사람 부리는 것부터, 부려서 좋을 것 하나도 없다.

어디 한 번, 저 우리들 민초의 소리, 판소리의 아니리조로 주워 섬겨

보자.

술 취해서 주사부리고 병이 깊어 병사부린다. 시어미 생 귀신 까탈부리는 곁에서 시누이 노처녀 산 귀신 심술부린다. 먹기로는 돼진데 일에는 농땡이 부리는 놈 있듯이 자빠져서 코 깨고는 돌부리에다 대고 오기부리는 놈도 있다나…….

어디 그뿐이던가. 세상엔 땡땡이 부리다가 드디어 '뗑깡부리는 것'으로 신세 망치는 사람도 있는 법. '뗑깡'이란 일본말의 와전이니 이를테면 지랄이다. 우리말로는 '광증부린다'고 하니 못된 것, 못된 짓 부리고 또 부리면 마침내 광증을 아니 부리고 어이하랴. 군사쿠데타는 어떤 경우에나 총칼의 뗑깡부림이니 돈 5천억 삼키기 아니라 그보다 더한 광기(狂氣)도 부리게 되어 있다.

하기에 욕심부리기는 이 모든 부리기와 결국은 한통속이다. 무엇이든 부렸다 하면 똥치망치가 되는 법이지만 그 중에서도 제일 흉한 게 욕심부리기다.

하긴 인간세상 욕심 없으면 망하게 되어 있다. 한 사회는 그 구성원들의 욕심을 끊임없이 충동질해야 한다. 인간 욕심의 불에 사회는 줄창 부채질해야 한다. 욕심은 사회의 동력 같은 것이기 때문이다. 요컨대 사회는 욕심 부추기는 장치다. 하지만 사회는 동시에 욕심을 적정도수로 억제하는 장치며 제도를 갖추고 있어야 한다. 욕심의 불길에는 알맞은 양의 기름이 부어져야 하는 것이지만 반사적으로 소방 호스에서 물이 내

뿜어져야 한다.

한 사회가 필요로 하는 욕구억제의 장치 내지 제도로는 교육, 종교, 그리고 군대가 있다. 이들 세 제도는 개인의 욕구를 억제해서 '러스트', 곧 이윤추구의 욕망 아닌 사회에 이바지할 성취동기, 곧 인센티브가 되게 해야 한다.

한데도 어제, 오늘, 작금의 한국에서는 그렇지 못했다. 아니 이들 세 제도마저도 러스트라고 할 수밖에 없는 개인적 욕망을 선동하는 데 앞장섰다.

교육은 출세와 취직을 알선하는 중매쟁이로 타락했고, 종교 또한 세속적 잘 살기를 다짐하는 주술(呪術)로 둔갑한 혐의를 받기 족하다. 그런가 하면 군대는 또 어떠했는가. 소위 정치군인들은 권력 챙기고 권력의 고지를 점령하는 탁월한, 음흉한 전술가들이었다. 비록 어느 경우나 일부의 일이긴 하였지만 일부치고는 그 여파는 너무나 엄청난 것이었다.

세 기관은 모두 명예롭고도 성스럽기까지 한 것이다. 하지만 그 중에서도 원칙적으로 말해서 가장 영예로운 기관은 군대 바로 그것이다. 나머지 두 기관과 다를 바 없이 세속적 권력, 현실적 이득을 스스로 포기하고 있다. 한데 군대는 자신의 목숨마저도 국가 민족 앞에 희생코자 다짐한 집단이다. 그러나 현실적으로 한국의 일부 군인, 현실 사회에 절대적인 영향을 끼친 일부 군인은 오히려 추악한 인간 욕정의, 인간 욕망의 앞장을 섰다.

이런 세태 앞에서 새삼 돋보이는 옛 가르침이 있다. 우리들 민초들이 섬겨온 가르침이다. 그 가르침은 절의(節義), 그 한마디로 요약될 성질

사철 푸르고 꿋꿋하면서도 속이 빈 대나무는 인간 절의를 상징한다. 더럽다고 하는 돈으로 되레 마음을 비우고 절의를 지킨 사람에게 엽전닢은 푸른 댓잎과도 같은 것이다.

의 것이다. 충절, 절개, 절도 등이 모두 이어져 파생되다시피 한 것이지만 달리는 절도(節度), 절검(節儉) 또한 절의와 짝지워져 있다. 자기 자신의 욕심을 조절하고 절검하여 절도 있게 하지 않고는 충절, 열절, 절조 등의 절의는 불가능하다. 모든 절의의 근본은 이기심, 욕심의 조절이다.

이 점을 일깨워줄 이야기 한편이 사뭇 시퍼렇게 대나무처럼 살아남아서 전해지고 있다. 그도 그럴 것이 워낙 절의의 '절(節)'은 '대나무 마디 절'이기 때문이다. 충정공 민영환이 나라에 순절하고 대나무로 환생하였음은 너무나 당연하다.

옛날 옛적 청상이던 한 과수가 갑년을 맞이했다. 그녀는 사십 년 가까이 지켜낸 고독의 비결을 묻는 후손들에게 다만 한 마디.

"밤마다이다시피 빈방에서 엽전을 굴렸다네."

한숨도 짓지 않고 나즉히 말했다. 그리고는 사람을 시켜서 엽전꿰미를 장롱바닥에서 꺼내오게 했다. 그건 열 닢의 동전 아닌 엽전, 모두 귀가 닳다 못해 떨어져나가 있었다.

사십 년 동안 굴려서 닳아 떨어진 엽전 열 닢. 삼백예순 날 굴리고 또 굴려서 사 년에 한 닢씩, 엽전은 마모된 것이었다. 그러면서 마음도 비워져 갔다.

아! 돈은 이렇게도 쓰는 법. 마음이 절도를 갖도록 돈은 간직할 수도 있는 법. 절의로, 다만 절의로만 돈을 간수할 수도 있는 법. 욕심이 닳고 또 닳게 돈 쓸 수도 있는 법이다.

인간 절의는 대나무라고 했다. 하지만 사철 푸르러서만 대가 아니다. 꼿꼿해서만 대가 아니다. 속이 비어서도 대는 대다. 마음을 비워서, 욕심을 비워서도 대는 절의가 된다. 욕심 비우지 않곤 꼿꼿할 수도, 푸를 수도 없음을 대는 보여준다. 더럽다고들 하는 돈으로 되레 마음 비우고 절의를 지킨 사람에게 엽전닢은 오히려 푸르디푸른 댓잎 같은 것이었을까.

하지만 옛이야기에 걸어서만 '절의의 돈'을 말하진 말자. '욕심 삭이는 돈'은 오늘에도 있기 때문이다. 그늘진 곳을 위해서 아낌없이 쓰는 사람들, 그 마음 비운 사람들에게 돈은 역시 푸르고도 푸르다.

구린 돈을 "사회의 그늘진 곳에 썼노라"고 둘러댄 어느 사람의 거짓말이야말로 바로 이 점에 대해서 역설적으로 증언하고 있다. 슬프게도……

3장 |
비석과 돌에도 못다 새긴 목숨

님 맞이 가는 어머니를 위해서
― 다리 건너듯 사랑도 건너는 것

요 십여 년 사이에 한국에서 가장 유명해진 다리라면 누가 무어라고 해도 역시 서울 성수대교다. 그러나 옛날 다리로는 서울에만 해도 수표교, 오간수 다리, 살곶이 다리들이 사뭇 오늘에까지 그 이름을 떨치고 있다. 그런가 하면 범영루를 중심으로 해서 좌우에 높다랗게 걸려 있는 연화, 칠보, 그리고 청운, 백운 등의 다리만 들춘다 해도, 불국사로 해서 경주는 다리로도 단연 다른 문화유적지를 압도한다.

다리의 역사를 말할 적에 아무래도 동명왕과 연유된 어별교를 먼저 들어야 한다. 왕이 부여왕자들의 핍박을 피해서 남행하였을 때 뜻하지 않게 강물에 가로막히고 만다. 왕이 하늘과 물에 빌자, 난데없이 물고기와 자라들이 나타나서는 다리를 놓았고 그로써 동명왕은 궁지를 면하게 되었다고 이규보의 『동명왕편』은 전해 주고 있다. 저 유명한 모세의 강물 건너기에 견줄만한 대목이거니와 이 다리는 굳이 밝힐 것도 없이 신

신라시대 문천(지금의 남천)에 설치된 일정교의 흔적들. 지금은 교대 등 일부 자취들만 쓸쓸히 내에 나뒹굴고 있지만 칠형제의 효와 불효에 대한 전설은 지금도 사람들의 입에 오르내리고 있다.

화의 다리다.

한데 한국의 다리 내력을 캘라치면 또 다른 신화의 다리 내지 신화적인 다리와 마주치게 된다. 경주의 도깨비다리, 또는 귀교가 그렇다.

신라 25대 진지왕은 어엿한 유부녀를 사랑했다. 당치도 않은 짝사랑이었다. 살아서 뜻을 못다 이룬 왕은 유부녀이던 도화가 남편을 잃자 귀신으로 나타나서 하룻밤 정분을 나누었다. 그래서 한 아이가 태어나니 그 이름을 비형이라고 했다. 진평대왕에게 수양된 비형은 밤이면 도깨비 무리를 이끌고는 놀아댔다. 그 사실을 알게 된 왕은 그에게 명해서 신원사 북쪽 도랑에 다리를 놓게 하였다. 한데 귀신의 자식답게 비형은 도깨비 무리를 지휘해서는 단 하룻밤 사이에 거뜬하게 돌다리 하나를 놓는 게 아니던가. 해서 사람들은 그 다리를 귀교, 곧 도깨비 다리라고 일컫게 되었다고『삼국유사』는 전한다.

왜 이처럼 신화의 다리 내지 신화적 다리가 그 이름이나마 오늘에까지 둘씩이나 전해져 있는 것일까.

첫째, 인간들의 다리는 이미 신화시절부터 있어 왔다는 것에 대해서 말하고 있다. 다리는 그토록 까마득한 옛적부터 있어 왔던 것이다. 둘째, 사람들이 다리 하나 올곧게 놓기란 신이나 도깨비 도움 없이는 거의 불가능하다고 해야 할 만큼 어렵다는 것에 대해서 말하고 있는지도 모를 일이다. 어쩌면 다리놓기란 사람기술 아닌 신기(神技) 같은 것이라고 옛 사람들은 생각한 게 아니지 모르겠다.

생각이 난 김에 며칠 전, 가을 경주 문안도 드릴 겸 귀교 자국이나마 보자고 찾아나섰다. 역시 허사였다. 신라의 국모신(國母神)이기도 한 선도산 성모가 모셔진 뫼봉우리가 올려다 보이는 서천 일대의 넓은 들을 오늘날에도 사람들은 귀신들이란 뜻으로 '귓들'이라고 하고 또 그 한편에 신원사 유구가 발견되기도 했다지만 막상 귀교는 가고 없었다. 이십여 년 전만해도 교각 받침돌 몇 토막은 그나마 남아 있었다는데 지금은 발속 깊이 묻혔을 것이라는 부고와도 같은 소식 들은 게 고작이었다. 하룻밤 새에 '대석교'라는 별칭을 가질 만큼 큰 돌다리를 놓은 도깨비들도 천년 세월의 무게는 감당해 내지 못한 것이다.

하지만 경주 남천에서논 요행스럽게도 무려 둘씩이나 옛 신라의 다리 유구를 생생하게 만날 수가 있었다. 반월성과 계림 숲에는 단풍이 한창이었다. 그 주홍빛 낮은 비탈을 끼고 흐르는 남천에 의연히 걸려 있었을 돌다리들, 비록 그 자국에 접한 것에 불과하다고 해도 그들로 해서 멀고 먼 천여 년 역사의 피안에 수월하게 건너 갈 수가 있었다. 허물어진 자국, 이지러진 몰골로나마 그들은 남천 기슭에 역사의 간격을 넘나들 '다리'로 남아 있어 주었다.

두 다리 중 하나는 '일정교(日精橋)'라 하고 다른 하나는 '월정교(月精橋)'라고 했다. 한 마장에 못 미칠 상거를 두고서 같은 흐름의 위아래에 해와 달 두 다리를 걸어놓은 신라인들, 그들은 그들 왕성을 혹은 마주보고 혹은 등지고 마치 해와 달이 창공을 운행하듯이 이 두 다리를 건너다닌 것이리라. 그리하여 그들 왕국을 일월의 빛으로 그득 넘치게 하였으리라.

천여 년 뒤 늦가을 날 해질녘에 한 과객이 다만 설핏하니 검은 그림자 이끌고 바자님은, 두 다리 유구 사이를 헤매임은 무슨 마음의 한기 또 부끄러움을 다독거리자는 것이었을까.

그러나 월정교는 한 토막에 불과하게 남았을 그 유구만으로도 이미 장려했다. 자국을 많이 남기는 것만이 역사의 장기는 아니리라. 한 오리 여운만 남겨도 그로써 족하고도 남을 경지에서라야 비로소 역사는 역사연해지는 것이다. 갈바람에 술렁이고 있는 갈대밭 서리서리 폐허로 나동그라진 돌조각들, 그 돌을 우리는 당당히 마음속 기념비로 섬길 수 있어야 한다.

다리에서 해의 정기 받고 또 달의 정기 받은 사람들이라서 다리밟기(답교)의 아리따운 풍습을 남긴 것은 너무나 당연하다. 대보름 달빛 아래, 혹은 나이만큼 아니면 열두 번만큼 다리를 오가면 그로써 새로운 한 해를 정갈하게 보낼 수 있게 되리라고 믿어온 사람들의 풍습이 곧 다리밟기다. 그들은 삶이란 건너오는 세월 맞아서 건너가고 또 건너가는 것이라고 믿었던 것 같다. 언제나 미완성의 과도기인 인생이란 캐고 보면 세월의 다리 무수히 건너고 또 건너는 것이라고 그들은 다짐두었을 것 같다. 고개를 넘고 재를 넘는 게 삶이듯이 물을 건너고 강을 건너는 것, 그게 삶이 지어야 할 으뜸 자세라고 옛 사람들은 믿었던 것이리라. 그것은 고개 너머에 언제나 새로운 세계가 기약되어 있듯이 강 건너 물 건너 저 너머는 이승의 피안이라고 믿었기 때문이다.

그런 사람들에게 다리가 왜 아니 소중했을라고. 그러기에 진실로 그러기에 둘씩이나 신화의 다리를 놓고도 모자라서 다시금 또 해와 달의 정기 받을 다리를 놓았던 것이다.

일정교에서 서쪽으로 1.1km 떨어진 곳에 있는 월정교의 자취. 신라 경덕왕 때 출토되었던 이 다리는 길이 63m 너비 9m로 한국 최고 최대의 석교로 알려져 있다.

이로 보아서 우리의 전통 종교라고 해야 옳을 무속 신앙에서 굳이 '다리굿'을 창안해 내었음이 돋보이게 된다. 죽은 이의 넋을 피안으로 천도하기 위한 것이 목적인 이 다리굿에는 몸다리, 시왕다리, 사자(使者)다리, 불사(佛事)다리 등 무려 네 가지의 다리가 놓이게 되어 있다. 죽은 이의 넋과 그에 수행하거나 아니면 그를 인도할 이들이 저승길을 가면서 건너야 할 다리들이다.

이 같이 죽어서 다리 건너 저승길 가는 사람들이라면 당연히 이승길을 향해서 삶을 타고 날 적에도 어느 다리를 반드시 건너왔으리라고 생

신라시대 안압지~월정교 간 인공천에 놓았던 다리를 3년 전에 당시의 엄지주 2개를 세워 복원해 놓았다.

각해야 한다. 다리 건너서 이승으로 온 우리들은 이승에 걸린 다리에서 '다리밟기' 하면서 살다가는 그예 이승 아슬한 끝에 걸렸을 또 다른 다리 건너서는 저승길을 간 것이다. 삶의 시작과 본바탕, 그리고 그 끝이 모두 다 다리다.

돌이켜 극락도 또 『화엄경』이 이르는 '화장'의 세계도 필경 다리 너머라고 생각하고는 불국사에 네 개씩이나 다리 놓은 것도 미리 무속신앙에 길들여 있었을 신라인에게 결코 남의 땅에서 들여온 믿음의 소치만에 그칠 수는 없을 것 같다.

이처럼 소중하게 다리를 섬겨온 사람들이 우리의 조상들이다. 오늘날 새삼스레 그 마음 그리워서라도 사무치는 마음 간직하고 자국이라도 좋으니 옛 다리를 하나하나 두들면서 걸어 보아야 할 때다.

어느 비석에 새긴 민의(民意)
— 매비비(埋碑碑)라는 이름의 비석

  민초는 덤불로 스러져가도 반화(班花), 곧 영화로운 양반은 비석으로 남았다. 아니, 스러진 민초의 풀밭에 관장들의 돌비석이 섰다.
  한 고을 안의 이름없는 대소민인(大小民人)들이 관장의 이름 석 자를 빗돌에 새겼으니 그것은 필경 유명에 억눌린 무명, 아니면 무명을 깔고 돌기한 유명이런가?
  고을 관장들의 이른바 '선정비 세우기'를 발원한 것도 민인이고, 건립한 것도 민인이라고 우기고 있는 빗돌을 보면서 무연히 풀과 돌의 대조에 생각이 미치지 않을 수 없었다.
  한국은 비석의 나라다. 빗돌 많기로는 단연 세계 제일. 가로되 유허, 유적, 사적 등 여러 비 말고도 개인에게 바쳐진 것만 해도 추모, 숭덕, 송덕, 불망 등 그 가지 수를 이루 다 셀 수가 없다.
  한데, 아무리 기념비라지만 그 수가 지천이고 보면 구슬도 잡석이 될

경남 고성읍 남산공원의 비석거리. 선정 애민 휼민 권농 등 다양한 사연을 지닌 25기의 비들이 줄줄이 늘어서 있다. 이들 비들은 비문그대로 선정 애민 휼민 권농일까를 생각게 한다.

법한데, 하물며 빗돌이야…… 아무리 꽃다운 이름일지라도 꽃이 지나쳐 억수로 무리지면 스스로 잡초가 되는 것. 이제 잠시 잡석 사이를 헤집으면서 그 역사를 가늠하기로 하자.

전국 어느 고을, 예컨대 현 이상의 고을에는 일러서 '관장비'라고 할 만한 것이 수두룩하다. 각종 읍지에는 '환적(宦蹟)'조가 따로 있어서 지방관아의 수장들의 이름을 낱낱이 따로 기록해 둔 나라이니 당연한 일인지도 모른다.

현감, 첨사, 목사, 부사 등 각급 지방관장들의 비를 통틀어서 관장비라고 한다고 해도 그 명칭, 규모, 체재, 치장 새겨진 시문 등에 이르기까지 그 종류가 실로 잡다하다.

빗돌을 그 주제별로 볼 때, 선정(善政)이 가장 우세하고 애민(愛民), 휼민(恤民), 권농(勸農), 흥학(興學), 청렴(淸廉) 등으로 나눌 수가 있다. 달리 비 이름을 기준으로 삼으면 숭덕(崇德), 불망(不忘), 추사(追思), 거사(去思) 등의 비석을 들 수가 있다. 거사란 가고 난 뒤에까지 사모한다는 뜻이니 추사와 다를 바 없다. 형태 또한 갖가지여서 개석(뚜껑) 씌운 것과 안 씌운 것, 시문이 적히고 안 적힌 것, 이외에 심지어 바위벼랑에다 글을 새긴 마애비까지 이 또한 잡다하다.

이들 관장비는 대체로 옛날 동헌 근린 거리에 세워져 있는 경우가 많다. 그리하여 그 일대가 비석거리가 되었다. 하지만 특별히 기단을 구축해서 한 줄로 모셔놓으면 그곳을 '비석단'이라고 했다. 물론 '비석마당'도 생각해 볼 수 있다.

어느 고을에서나 그렇듯이 경남 고성읍에도 비석거리가 있다. 읍 동남에는 고성만을 훤히 조망할 수 있는 남산공원이 있고 그 어귀에 영락없이 비석들이 줄지어 서 있다.

우거진 나무 그늘 아래 비석거리 초입에는 형태며 양식이 빼어나게 아름다운 열녀비가 있어서 지나치는 사람들의 눈길을 끌고 있지만 이 열녀에게 영도당하기나 하는 듯이 그 뒤로 무려 25기의 관장비가 도열해 있다. 관직으로는 현감, 부사 이외에 절도사가 있고 달리 수의도(繡衣道)가 있으니, 이는 '수의야행(繡衣夜行)', 곧 '밤에 남몰래 아름다운 일을 한다'라는 고사에서 유래한 말인 '수의', 곧 암행어사를 의미한다.

여기 관장비는 뉘 돌보는 이 없이 이에 저에 버려져 있던 것을 한데 모은 것인데 그 맨 윗자리에는 어느 수군삼도 절도사의 선정비가 버티고 있다. 그러나 이 절도사의 비가 수석에 나선 것은 그 직급이 최상위이기 때문만은 아니다. 왜냐하면 나머지 두 사람의 절도사는 무심히 현감 사이에 끼여들어 있기 때문이다.

이것은 비석거리를 새로이 가다듬은 사람의 의중을 반영하고 있을 것 같다. 그 의중이란 게 매우 만만치 않을 듯하다.

이 절도사비는 그 기단부 아래 매비비(埋碑碑) 하나를 갖고 있다. 아니, 절도사비를 떠받들고 있는 듯이 재건, 재구되어 있다. 여기서 재건한 사람의 만만찮은 의중이 드러나는 것이다. 이 매비비에는 "절도사 아무개의 선정비를 그 조카 절도사인 아무개가 묻은 곳"이란 글귀가 유난스레 새겨져 있다. 필자가 알기로는 '매비', 곧 '비석묻기'란 흔한 일이 아니다. 더욱 '매비비', 곧 '비석메운비'를 보는 일은 매우 드문 일이라 여겨진다.

세웠으면 묻지 말아야 한다. '영세불망'이라고 새긴 것을 왜 묻는단 말인가. 한데도 굳이 그 혈친이 묻었다. 덧붙여 묻은 표시까지 해두었다. 묻어서 자취를 없앴으면 그만이지 왜 하필 비를 따로 세워서 묻었음을 드러내 보인단 말인가. 무엇인가 뒤죽박죽이고 사뭇 어지럽다. 그것은 민초가 머리 아래로 해서 처박은 빗돌 같은 것일까? 왜? 때맞추어서 땅거미가 져서 어둠에 묻히고 있는 빗돌을 손끝으로 만지며 현기증을 느꼈다.

묻고도 드러낸 이유?

그 첫째 단서는 절도사 이름자의 하나인 '大'에다가 누군지가 점을 찍어서 '犬'으로 만들어 놓은 데에 있을 것 같다. 둘째 단서는 선정비의

'政' 자를 일부러 짓이겨 놓은 데에 있을 것 같다. 물론 이 두 단서는 상보상조할 수 있을 것이다. 그러나 셋째 단서는 좀 복잡하다. "극히 높은 것은 산, 극히 긴 것은 강, 영원토록 무엇으로 이를 갚으랴. 공의 덕은 산이요 공의 혜택은 물이니 돌에 새긴 뜻을 잊지 못해 온 백성들 가까이에 우러러 보도다"라는 글귀가 문제다. 한 관장의 덕과 은혜를 말하면서 '극고(極

고성 비석거리에 있는 어느 수군삼도 절도사의 선정비. 기단부 아래에 매비비를 깔고 있어 이채롭다.

高)' '극장(劇長)'이라니 그렇다면 왕의 덕이며 은혜는 무엇이라고 해야 하는가? 별 수 없이 왕을 능멸한 것이 되니 후환이 두렵지 않을 수 없다.

이 세 가지 단서 어느 것을 두고 보아도 절도사 당사자 및 그 집안에 이로울 게 없다. 하기에 세 가지 단서를 통틀어서 매비비를 세운 딱한 사연을 헤아리는 게 좋을 듯하다. 묻어서 영영 없애버리는 것이 좋으련만 그래서는 '반화'들의 '비석콤플렉스'가 가라앉을 수 없었던 것이다. 그래서 결국 있는 듯이 없고, 없는 듯이 있게 하리라는 궁여지책이 곧 매비비를 세운 것이라고 짐작된다.

한 집안의 아저씨, 조카가 앞뒤해서 수군삼도 절도사가 될 만하면 그야말로 명문거족이다. 그러기에 조카가 숙부 선정비를 묻는 심정은 어떠했을까? 바로 이에서 우리들은 그야말로 민초의 영세불망, 민초들이 어우러져 양반 비석을 통해서 길이 불멸케 하고자 한 그들 준열한 뜻이 무엇이었던가를 역설적으로 헤아리게 된다. '大'에 점을 찍어 '犬'을 만들었을 때, '政' 자를 짓이겼을 때, 시퍼러니 살아 있던 민초들의 민의가 영세불망하게 매비비의 사연으로서 오늘에 살아 있는 것이리라.

돌에 관장의 이름을 새긴 뜻인 즉 "豈但口碑 永壽金石 石語不磨 山長海遠", 곧 "어찌 다만 입으로만 (그 공을) 전하랴. 금석에 기대어 영원케 하리니. 돌이 새긴 말인즉 산보다 길고 바다보다 멀리라"는 데에 있음을 같은 비석거리의 또 다른 관장비가 일러주고 있다.

그러니까 '영수금석' 한 것은 관장의 이름이 아니다. 오늘에 매비비를 파 뒤집어서 묻힌 선정비를 매비비 위에 굳이 고추 세운 새 시대의 민의에 겹쳐진 어제의 민초들의 마음 바로 그것이야말로 영세불망할 것이다 (이 황목 취재와 해석에 도움을 주신 현지의 김춘랑 시조시인에게 감사드립니다).

개비〔犬碑〕도 있다더냐
— 그 앞에 부끄러울 사람들

　개는 한국인에게 무엇을 의미할까? 개의 의미를 범주화하기는 실로 난감하다. 개는 그 만큼 다양하게 한국인의 생활에 깊숙하게 파고들어 있고 또 그에 어울리게 문화화해 있다. 개는 그냥 동물이 아니라 한국인 문화의 일부다. 하나의 문화범주를 상징의 체계라고 한다면 한국 개의 문화성은 더욱 돋보이게 된다. 이것은 절대로 이른바 '개소리'도 '개나발 같은 소리'도 아니다.

　우선 천하고 더럽고 추잡한 것은 무턱대고 '개'다. 그러잖아도 최악의 것에 그만 '개'가 관형사로 붙으면 극최악이 되고 만다. '개지랄' '개병지랄' 등은 차마 내놓고 입에 담을 수도 없는 말이다. 인간 패악질이나 악담은 개의 덕을 단단히 보고 있다. 개 아니었다면 한국인은 오달지게 욕 한번 제대로 못할 뻔했기 때문이다. 개 때문에 푼 스트레스는 참 얼마나 풍족했을까. 그런가 하면 개는 또 천하의 귀물이다. 우선 '헌납했

경남 밀양에서 무안으로 넘어가는 길목에 서 있는 의로운 개를 기리는 '개비'. 아전을 뜻하는 연리(椽吏)와 사람 이름이 새겨 있어 아전과 개의 상관관계를 의미하고 있다.

다'고 할 때의 '헌'은 신에게 '바치다'는 뜻이거니와 이 글자의 원뜻은 개야말로 신에게 바칠 제수 중의 일등 제수임에 대해서 말해 주고 있다. 그러기에 주인을 살린 의구 이야기는 당연히 있을 만한 것이다. 잘 모르긴 하지만 세상에는 의인보다는 의구가 더 많음을 사람보다 개가 더 잘 알고 있을 것이다.

한데 만약 '개비〔犬碑〕'가 있다면 엄연한 개비석이, 말하자면 개에게 바쳐진 기념비가 있다면 어떤 범주의 개에게 바쳐진 것이라고 보아야 할까?

옛날 아주 옛날, 지조 못 지킨 사람에게 비를 세워줄 수 없듯이 개에게도 애시당초 비를 세워줄 수 없을 법한데도 구태여 개비가 엄연히 실존해 있다면 일부 배신한 정치가들이 만세를 부르게 될까?

아무려나 경남 밀양에서 무안으로 넘어가는 길목에는 멀쩡한 개비 하나가 마치 수캐 무엇 자랑하듯 우뚝 솟아 있다. 무안행 지방도로에서 처음 만나게 되는 재를 넘어서 비스듬히 내리다지로 두 고비쯤 돌아가면 길 왼쪽에서 빗돌 하나를 보게 되는데 이것을 근린 주민들은 서슴없이 개비라고 한다.

영문 모를 때는 비석이 하도 너절해서 '개비'라고 부르는가 하고 짐작을 할 만큼 체구에 비해서는 빗돌이 허술해 보인다. 하지만 석질로 보아서 일종의 막돌이라서 이 비에 '개'자가 붙은 것은 아니다.

이 비는 개를 주인공으로 삼고 있고 또 개에게 바쳐진 비석이다. '기념비'라는 말이 갖는 엄청난 격식, 권위 등을 고려할 때 아무래도 개비는 야릇하다. 경남 함안에 있는 '노비 비석'의 야릇함이 절로 연상될 정도다. 개처럼 천덕꾸러기였을 노비와 노비처럼 박대받을 개, 이들에게 비가 바쳐지다니? 밀양 개비의 주인공은 이른바 '의구'다. 밀양장을 보고 돌아오다 술곤두레로 잠에 떨어진 허잡한 주인을 불에서 구하고 스스로는 죽은 개의 덕을 기리는 비라고 한다. 흔히들 '개만도 못한 사람'이라고 욕하지만 이 개는 사람보다 출중한 개라고 해야 한다.

이 같은 의구는 물론 낯설지 않다. 전북 오수의 의구는 널리 알려져 있지만 비슷한 전설은 드물지 않게 여기저기에 전해져 있다. 모두 한결같이 주인을 살려내고 죽은 개들에 관한 이야기들이다.

이렇게 따져보면 이 밀양 개비는 그저 그렇고 그런 의구의 비라고 하면 그만일 것 같다.

한데 정작 문제는 이제부터다. 개비에 새겨진 글, 이를테면 비명을 들여다보면서 누구나 뜨악해진다. 거기에는 뜻밖에 사람이름이 새겨져 있기 때문이다.

멀쩡한 인물비석인데 난데없이 개비라니? 설마하니 아무리 의구라고 한들, 의젓하게 사람이름이야 붙여 주었을라고? 사뭇 떨떠름해질 수밖에……

이런 의혹속에서도 사람이름 위에 '연리(椽吏)'라고 관형어가 붙은 것에 유념하게 되면 무엇인가 단서가 잡힐 것 같은 예감이 든다. 연리란 아전, 곧 지방관아의 관속이다.

그들이 집무하던 건물은 따로 '연청'이라고 했다. '연'이란 서까래 연이니, 아전이란 게 기껏해야 본 건물에 붙은 서까래 정도에 지나지 않아서 붙여진 이름이 곧 '연리'가 아닐까 한다. 찍해야 동헌 서까래 끝, 처마밑에서나 서성이기 알맞은 신분이라서 아전을 연리라고도 한 것일까? 그렇다면 그 꼴이나 집채끝 마당가를 어정거리게 마련인 개의 꼴이나 별반 다를 게 없을 성 싶어진다. 관청 안의 개사람이 아전이라면 여염집안의 짐승아전이 다름 아닌 개였을까?

그러나 이 정도의 유사성 때문에 아전비가 개비가 되어서 전해지지는 않았을 것이다. 그보단 훨씬 심각한 이유가 있어야 할 것 같다.

만약에 이 아전이 허세와 기만으로 자신의 비를 세웠다고 가정해 보자. 다른 아전들이 흔히 그랬듯이 본관사또에 빌붙고는 호랑이 위세를 빌려서 으스댄 여우 마냥, 백성들을 못살게 굴고 그들에게 으르릉대고 한 주제에 잘난 척하고 싶어서 거짓말 비를 세웠다면 그리하여 그 실상을 민초들이 알고 있었다면 어떤 일이 벌어지게 되었을까? 필경 민초들은 그 회한한 아전의 공덕비를 '개소리'로 돌리고 말았을 게 뻔하다. 그래서 연리비는 그만 개비로 둔갑하고 말았을 것이다.

그러나 아전들은 그 중간자적인 속성을 좋게 활용해서 민초편에서 악덕 본관사또를 징벌하고 욕보이기도 한 것이니, 이쯤 되면 개로 쳐서 정작 의구나 다를 바 없게 된다. 중간자로서 백성을 등치는 교활과 본관의 간을 내먹는 간교함을 겸한 게 아전이었으니, 그것은 불행히도 근대까지 극히 소수라고는 하나 일부 관료들의 근성으로 유전되기도 한 것이다. 아니면 한국인 누구나의 간특함으로 유전되어 있을지도 모를 일이다.

위를 향해서 비벼대던 손으로 아래를 옥박지르는가 하면 아래를 쓰다듬던 손으로 위를 엿먹이는 간교함이야말로 한국인의 '아전근성' 바로 그것이다. 앞의 것은 바로 '개짓'이지만 뒤의 것은 아래편으로서는 '의구' 짓일 수도 있었을 것이다. 개도 개 나름이듯 아전도 아전 나름이었다고 해야 한다.

참 묘한 일이다. 의구에 견주어짐으로 해서 의젓할 수 있는 아전공덕비가 있다는 것, 그 사실을 우리는 존중해야 한다. 민초를 위해서 개같이 일하다가 의구처럼 이름 남긴 게 사실이라면 이 개비 앞에 떳떳이 나설 관료가 많은 세상이 사뭇 그리워진다.

들돌이라니
— 사내새끼들의 힘 겨루기

이른바 '교육개정안'이 발표되면서 온 천하가 술렁댔다. 다른 데는 몰라도 교육에 개혁이 잦으면 '방귀 잦은 애기 똥싸기'나 다를 바 없는 결과를 빚을 수도 있다.

개혁이 잦은 게 우리 정치였고 보면 부분적으로는 개혁이 개악이기도 했다는 결론을 이끌어 낼 수는 없을까? 개혁이 능사인 것, 그것이야말로 미개하기 이를 데 없는 우리 정치의 치부 같은 것이라서 그것부터 먼저 개혁해야 하는 게 아닌지 모르겠다. 개혁을 잘못하면 '개(革)', 곧 개가죽이 되기 쉽다.

아무려나 그 개정안이란 것이 대학입시 지옥에서 고등학교 학생을 해방시킨다는 명분으로 학교생활 자체를 안이하게 할 위험한 소지는 충분히 있었던 것이다. 젊은 세대는 언제나 반드시 시달려야 하고 또 들볶여야 한다. 절대로 안이하게 자라게 해서는 안 된다. 젊은 세대들에게 성취는 고난의 보상이라야 한다.

이 점은 옛날 동화가 무엇보다도 익히 보여주고 있다. 가난하고 외롭게 태어나서 또 그렇게 자라고 있는 소년 소녀 주인공들에게 동화는 엎친 데 덮친 격으로 가혹한 시련을 붙안겨 주고 있다. 그러고서야 그들은 드디어 '잘먹고 잘 사는' 행운의 대단원을 맞게 된다.

하지만 이 대목은 절대로 허구로 꾸며진 이야기의 한 토막에 그치지 않는다. 그 이야기에 걸맞은 현실이 엄연하게 존재했던 것이다. 성년식에 임하게 되는 소년 소녀는 예외없이 실제로 지독한 시련을 이겨내야 했다. 그들의 능력을 실증적으로 보여주어야 했다. 신라의 화랑도, 그리고 고구려의 경당은 이 성년식을 국가적으로 제도화한 것이다. 그래서 인류학에서는 거의 모든 동화를 '성년식 이야기'라고 규정짓는다.

한데 참 흥미진진하게도 우리 전통 농촌사회에서 실제로 치러진 소년들의 성년식 자취가 당당히 남아 있다면 믿어줄 독자가 많을 것 같지 않다. 그 자취, 그것도 어렵고 힘겨운 시련의 자취는 야물디야물고 단단하기 이를 데 없는 돌로 오늘날에 남겨져 있다. 소년들에게 짐지워진 시련의 의미가 불변할 것을 다짐이라도 하듯이 그 돌들은 완강하고 또 다부지다. 그 돌을 일러서 '들돌'이라고 한다. 들어올리는 돌이란 뜻이니 한자말로는 '거석(擧石)'이라고 한다. 들 '거(擧)'자 대신에 거대할 '거(巨)'를 써도 상관없다.

돌이라기보다는 사실은 작은 바위덩치다. 그나마 차돌바위다. 얼마나 많이 들어 올렸으면 반질반질 닳고 닳아서 검정 윤이 자르르 흐르는 놈도 있다.

전통 농촌사회에서 열너댓 살 사내들이 어른축에, 사람축에 드는가를 시험하던 들돌. 젊은 세대에 시련의 통과의례를 거치게 함으로써 성취는 고난의 보상이란 점을 깨우쳐 주었다. 사진은 고성군 동해면에 있는 들돌로 이순신 장군의 부하들이 이곳에서 힘자랑을 하며 어깨 위로 들어넘겼다는 전설이 깃들어 있다.

대체로 원형이 많다. 대소 세 개나 되는데 그중 가장 큰 것은 직경 50센티미터 정도, 중간치는 40, 작은 것이라야 30을 더 내려가지는 않는다. 어느 것이나 보기부터 이미 무시무시할 만큼 무거워 보인다.

그게 또 여간 중요한 곳에 모셔져 있는 게 아니다. 동네 어귀쯤의 서낭당 이웃에 섬겨져 있으니 절로 성스럽게 보이도록 되어 있다. 예삿돌이 아니고 무게만큼이나 위엄과 품위를 갖춘 것으로 보이게 되어 있다.

아무리 들돌이라고 한다고 해서 무슨 역기시합이나 하는 그런 돌은 아니다. 어른 축에 드는가 못 드는가, 그래서 결국, 사람 축에 드는가 못 드는가 하는 따위 치명적인 판가름을 내는 돌이다. 하니까 사생결단을 내는 엄청난 돌바위다.

사내애가 열너댓 살 먹게 되면 바야흐로 동네 '두레패'에 편입되어야 한다. 전통 한국농촌공동체 안의 농업협동체가 곧 두레다. 따라서 두레패가 되기 위해서는 '입사식'을 치러야 했다. 구성원이 되기에 필요한 절차를 밟고 또 식을 올려야 했던 것이다.

만약 이 입사식을 성공적으로 치러내지 못하면 한 소년은 아주 영원히 소외자가 되고 어른 축에 들지 못하게 된다. 머슴살이를 할 신세라면 세경 제대로 받을 자격을 인정받기 무망하게 된다. 그래서 입사식은 이래저래 결정적인 싸움판이나 다를 바 없다. 총각 하나 살고 죽고 하는 것이다. 제대로 두레패에 끼어들지 못하면 장가들기 또한 어림없는 일이다. 사회적으로 완전히 거세되고 만다. 그 불알을 까이게 되는 거나 다를 것 없다. 그러기에 들돌은 두레돌이다. 입사식 돌이고 성년식 돌이다.

우리들은 여기서 저 『홍길동전』에서 길동이 집은 나온 뒤, 불한당 소굴에 다다라서 왜 들돌들기로 적당의 괴수가 되었는가를 쉬 이해하게 된다. 길동은, 총각 한 녀석이 들돌 들어서 두레패에 끼어 들듯이 스스로도 들돌 들어서 적당 괴수가 된 것이다.

아직도 어린 티가 아직 가시지 않고 있는 마을 총각은 날짜를 잡아서 동구안 서낭나무 아래 들돌 있는 데로 모여들었다. 두레패 입사식이 벌어지는 것이다. 요새 식으로 말하면 입사시험이요 아니면 입학시험이 벌어지는 것이나 다를 바 없다. 작은 돌에서 시작해서 그 중 큰 돌까지 차례로 들어올려야 했다. 그래서 상두레패, 중두레패, 하두레패의 품계가 매겨졌다. 물론 머슴이라면 상머슴, 중머슴, 하머슴의 일종의 신분계층이 매겨진 것이다.

그러나 상두레패 중에서도 으뜸 상두래패, 이를테면 왕상두래패쯤 되자면, 그래서 장원급제를 하자면 그중 큰 들돌을 어깨 높이까지 추켜 올려서는 좌우 어깨너머로 번갈아서 여러번 빙빙 돌려야 했다. 시위라도 대단한 시위를 한 것이다.

들돌들기에도 일정한 격식이 있어서, 일차적으로는 무릎 위로 올리기, 그 다음으로는 어깨 높이로 올리기, 마지막으로 어깨높이로 돌려대기 등을 차례대로 해내어야 했었다고 전해져 있다. 현대의 역기 시합보다도 한결 더 절차가 까다롭고도 정교한 듯 느껴진다.

농사일이나 무엇이나 결국 힘을 쓸 수 있어야 제몫 하는 사내가 된다. 워낙 사내란 힘이다. 권력도 머리의 힘도 필경 육체적, 생리적 힘살의 비유에 지나지 않는다. 입사시험도 입학시험도 결국은 힘겨루기다. 힘겨루기가 힘들지 않는대서야 불을 깐 총각과 다를 게 없다. 아니, 세상살이 그 자체가 막강한 힘겨루기다. 삶 그 자체가 들돌이다. 그게 오늘에 남겨진 저 들돌의 의미다. 오늘날의 중·고등학교 교실 안이 행여라도 안이해져 가고 있다면 그것은 큰 일이다. 교실마다 들돌 하나쯤 모셔 놓고 그 뜻을 되새겨야 하는 것은 아닌지 모르겠다.

4장
그 귀한 자국을 뒤밟으면

돼지타령
— 천하기에 더욱 귀한 것

'부정성역(不淨聖域)'이란 참 고약한 말이다. 더러운 성역이란 뜻이니 도대체 말이 안 된다. '소리 없는 아우성' 따위와 함께 모순어법이라고 하긴 하지만 여간 껄끄럽지 않다.

그러나 질겁하게도 실제로 부정성역이 있다. 종교적인 신앙의 대상을 따로 지키기 위해서 남들이 접근을 못하도록 일부러 더럽혀 놓은 곳이 아주 없진 않다. 심지어 둘레에다 똥오줌을 질퍽하게 내질러서 위장한 곳도 있을 정도다.

종교적으로 부정성역은 드문 편이지만 정치로 얘기를 옮기자면 흔해빠졌다고 해야 한다. 대부분의 나라에서 정치권력 그 자체가 부정성역임을 모를 사람은 없다. 똥이 무서워서 피하냐고 했지만 남들이 다들 피해주니까 제 스스로 무서운 것으로 착각해서 기고만장하는 똥을 닮은 것이 정치권력이라는 것이다. 부조리할수록, 또 못난 독선이 심할수록

액도 재앙도 함께 달아나게 해준다고 여겼던 부정(不淨)의 성수(聖獸) 돼지. 예로부터 돼지는 민초들에게 삶의 풍요와 복을 가져다주는 길상의 가축으로 천박해도 밉지 않은 흉허물 없는 동물로 여겨져 왔다.

성역성이 드높아진다는 것도 익히 알려져 있다. 하지만 정치의 부정성역은 애시당초 똥이지만 종교의 경우는 황금일 수도 있다. 그게 정치와 종교의 차이 같은 것일까.

돼지는 부정성수(不淨聖獸)다. 더러워서 성스러운 네발짐승이다.

『삼국사기』, 『삼국유사』, 그리고『고려사』에서 돼지를 부정성수로 확인하기는 어렵지 않다. 일반돼지와 교시(郊豕), 곧 희생돼지의 인도를 받아서 나라의 터를 잡거나 아니면 왕비를 얻거나 하는 기록은 그렇게 드문 편이 아니다. 고구려의 '위나암(尉那岩)'은 돼지가 점지해 준 국가적 성역이다. 비슷하게 신라에서는 돼지가 왕조의 흥망과 관련된 기가 찬 점괘 노릇을 했다.

한편 고려왕조라고 돼지덕을 못 본 것은 아니다. 왕건의 아버지, 작제건(作帝建)은 처가인 용궁에서 혼례를 치르고 돌아올 때 일곱 가지 보물을 다 제쳐두고 돼지를 구태여 가장 귀한 선물로 골라잡고 있다. 이 대목에서 돼지는 승어칠보(勝於七寶)한, 곧 일곱 가지 보물마다 월등 우월한 신통력 그 자체라고까지 표현되어 있다.

그런가 하면 일부 서원, 예컨대 경남 함양의 남계서원에서는 지금에도 검정 돼지를 성수로 삼고 있다. 일두 정여창 선생을 비롯한 선현들께 제물로 바치기 전에 돼지의 질을 품평하는 예가 따로 있으니 이를 일러서 '성생례(省牲禮)'라고 한다. 희생에 쓰일 짐승을 살피는 예라는 뜻이지만 그 절차가 자못 엄숙한다.

서원 동재 아래 뜰에 둥글게 제단을 모으고 그 중심에 큰 반석을 앉혔는데 거기다 돼지를 모셔 좌정케 한다. 그리곤 초헌관 이하 기라성 같은 제관들이 제단 둘레를 세 번 왼돌이를 하면서 샅샅이 살핀 연후에 읍을 하고 머리 조아리니 이때 초헌관은 '돌!' 하고 크게 소리친다. 돼지가 정갈하고 또 알맞게 살이 올랐노라는 높은 뜻이다.

서원의 제형에 쓰일 제수가 한둘이 아닌데 굳이 돼지만이 성생례를 거느리고 있으니 짐승의 영화로는 이보다 더한 것이 흔치 않으리라. 그러기에 개화기 소설『만국대회록(蠻國大會錄)』에서 짐승 무리의 첫 연사(演士)로 등단한 돼지가 "인간 너희, 이 주색잡기에 탐닉한 타락한 무리들아"라고 벼락같이 질타하는 것은 매우 장쾌하다. 조지 오웰이『동물농장』에서 하필이면 돼지를 사기꾼, 배신자, 독선적인 정치쟁이로 몰아붙인 것은 아무래도 그가 동방예의지국에서 성생례를 못 보았기 때문이 아닌가 한다.

서원이 아닌 배에서도 돼지는 적어도 오뉴월 사돈 손님보다는 훨씬 지체 높은 대접을 받는다. 배, 특히 고깃배의 수호신으로 돼지서낭이 모셔진다는 것만 가지고도 이미 다 알 만한데, 배 이물 낮은 굼턱에 그 턱뼈 마저 섬겨져 있으니 경탄하지 않을 수 없다. 그것은 돼지가 그 아래 턱으로 음식을 게걸스레 퍼 삼키듯이, 바닷속 물고기를 왕창왕창 물어 올려주기를 바라기 때문. 해서 돼지턱은 풍어의 턱이고 만선의 꿈이다.

이쯤 늘어놓은 것만으로도 돼지는 그 성스러움을 탐스럽게 드러낸다. 돼지에게는 가을 풍요가 따라다닌다. 하지만 그래 보았자, 돼지가 그 더러움을 금세 탕감할 수 있는 게 아니다. 다같이 똥밭에 뒹굴어도 파리는 돼지에 비하면 천사에 가깝다. 왜, 무어가 어쨌다고 우리들 꿈의 옥좌에서는 돼지를 용과 나란히 떠받들게 된 것일까.

돼지꿈이 용꿈만 못할 게 하나도 없다. 해몽으로는 적어도 우리들 한국인은 굳이 귀천을 가리려고 들지 않았다. 영국의 어느 문호는 "모든 빛나는 것이 황금은 아니다"라고 했다지만 우리들은 똥이 금인 그런 경지를 꿈에서 본 것이다. 바로 이 점에서 우리들은 한국인이 천한 것에 부쳐서 간직한 기막힌 사상을 얘기할 수 있어야 한다. 천해서 귀하고, 더러워서 소중한 것이 한국인에게는, 특히 민초들에게는 있었던 것이다.

일러서 '천더기 사상'이라고 할 이념이 있었던 것이다.

모질게 살아들 온 민초들. 천하기로야 의지가지 없이 세상 끝에 빌붙은 삭정이 같은 신세요 팔자들이었다. 궂고 천하기가 영낙없이 강아지요 돼지였다. 꿀꿀대고 깡깡대면서 용케들 목숨을 부지해 왔다.

더러움이 극하면, 잘 난 것들 코를 싸매고 도망가듯, 액도 재앙도 함께 달아나리라고들 믿어왔다. 하긴 민초들에게는 관이나 권세가, 그리고 부자가 모두 액이나 재앙이기로는 추호도 다를 바 없었던 것이다. 천더기들이게는 항용, 잘 난 것들, 높은 것들은 호랑이보다 더한, 이무기보다 더 무서운 살이었다. 동티고 마였다.

마귀도 액도 뭐 먹을 게 있다고 더럽고 누추한 것에 입을 대겠는가 말이다. 더러움은, 천덕스러움은 그 자체가 액막이였다. 그리고 살막음이었다. 그러기에 기왕 못 누리고 못 가진 바에 아예 영영 개똥이 되고 쇠똥이 되자고 해서 그렇게 이름지어서 아기들에게 붙여준 것이다. '구두리'나 돼지가 되자고 든 것이다.

특히 집집마다 애새끼들은 그렇게 천하게 자라주기를 바랐다. 못난

정여창 선생 등 선현들에게 제를 올리는 함양 남계서원. 이곳에서는 아직도 제사에 바쳐질 돼지를 품평하는 예가 전해져 내려온다.

집안에 태어나긴 했는데 그 꼴에 사람새끼 값 한답시고 툭하면 병들고 요절하곤 했다. 먹을 거라곤 쥐뿔도 없는데 똥은 마다고 했다. "에그, 저 원수놈의 새끼들."

그래서 부모들은 제 새끼들 돼지처럼, 강아지처럼 자라주기를 빌었다. 누추하고 천해서 꼭 돼지만큼만 탈 없이 아무거나 잘 먹고 병치레하지 말고 잘 자라거라…… 이같이 축수했다.

뒷간을 이층 다락으로 짓고 위에서 사람이 똥오줌을 누면 돼지는 잘도 넙죽넙죽 받아먹었다. 제주도만이 아니고 거창군 신원면 일대에는 지금도 그런 돼지통시(뒷간)가 덩그렇게 남아 있다. 남녀할 것 없이 살이며 밑을 있는 대로 다 드러내는데도 돼지는 털끝만큼도 얼굴 붉히는 법이 없다.

그렇고 그런 사이인데 짐승과 사람 사이에 무슨 흉허물이 있겠는가 말이다. 정 심하게 허기진 돼지면 아낙네 깊은 살에 직접 주둥이를 들이밀기도 하였으려니…….

맨살, 속살, 그리고 아랫살 다 보이고 또 보았으니, 그럴 바에야 아예 천하고 궂은 한 세상 돼지 되어서 큰 까탈 없이 살자고 마음먹은 사람들이라서 이 짐승을 '부정한 성수'로 모시게 된 것이리라.

북어풀이
— 죽어서 되려 빳빳한 것

'수학구매(瘦鶴臞梅)'.

야윈 학과 주린 매화나무를 '수학구매'라 일컬으니, 시인은 줄지어서 노래하고 화가는 그림에 옮겨왔다.

암탉이 뚱뚱보일 수 있고 복숭아나무가 기름질 수는 있어도 학과 매화나무는 그럴 수 없다. 1989년 디즈니사에서 제작하여 흥행에 대성공을 거둔 바 있는 만화영화 「인어공주」에서도 질투심 많고 사나운 어머니는 돼지처럼 살이 쪄 있다. 주려서 더욱 우아한 것이 학이면 수척해서 더욱 향기로운 것이 매화다.

한데 만약에 학이, 그리고 매화나무가 생선으로 변신한다면 무엇이 되어야 할까? 물어보나마나다. 단연 명태요 북어다. 낙락장송도 야윈 솔, 곧 수송(瘦松)이라야 선풍도골의 반열에 끼어드는데 생선도 수태(瘦太) 정도 되어야 그 축에 들 수 있을 것이다.

탐욕을 잃은 정갈, 버릴 것 다 버린 꼴의 자유, 비우고 비운 마음 끝의 고담(枯淡)으로야 학과 매화가 다르지 않고 또 북어가 다를 수 없다. 북어에게 날개를 달아주면 이내 학이 되고 문득 북어에 움돋으면 매화가 피리라.

학과 더불어 일러지고 매화와 함께 일컬어지지 않고서야 생선 주제에 어찌 굿상에 오르고 제상 차지하고 그러고도 모자라서 배서낭으로 집안 성주로 섬겨질 턱이 없다. 그 하고많은 이름 거느리고 성명(盛名)을 날릴 까닭이 없다.

생태(선태), 건태, 황태, 강태에다 북어, 더덕북어, 그리고 또 동태…….

이게 모두 오직 한가지 생선의 이름이니, 이 이름 많은 생선을 통틀어서 '명태'라고 한다.

명태(明太). 밝은 '명'에 큰 '태'니 그만하면 명문거족, 사대부집 안에 태어난 장부의 이름에 견줄 만하다. 명덕의 '명'이면 대학이다. 태극이며 태양의 '태'면 우주의 기요, 빛이다. 물고기 이름치고는 분에 넘치지만 명태 본인은 단 한 번도 그 이름을 사양해 본 적이 없다.

명태는 두루뭉실의 총칭, 또는 본명이고 생태 이하 동태까지 여덟 가지는 별칭인 셈인데 사람으로 치자면 자 아니면 호가 그 만큼 많은 셈이다. 아마 호가 많기로는 모르긴 하지만 추사 선생에 버금갈 것 같다.

명태의 여덟 가지 호는 그의 사후의 육신이 겪는 변화에 따라서 붙여진다. 물이 아직도 좋으면 생태나 선태다. 꽁꽁 얼면 동태고 깡마르면 북어나 건태지만 마른 품이 특상이면 황태라거나 아니면 더덕북어라고

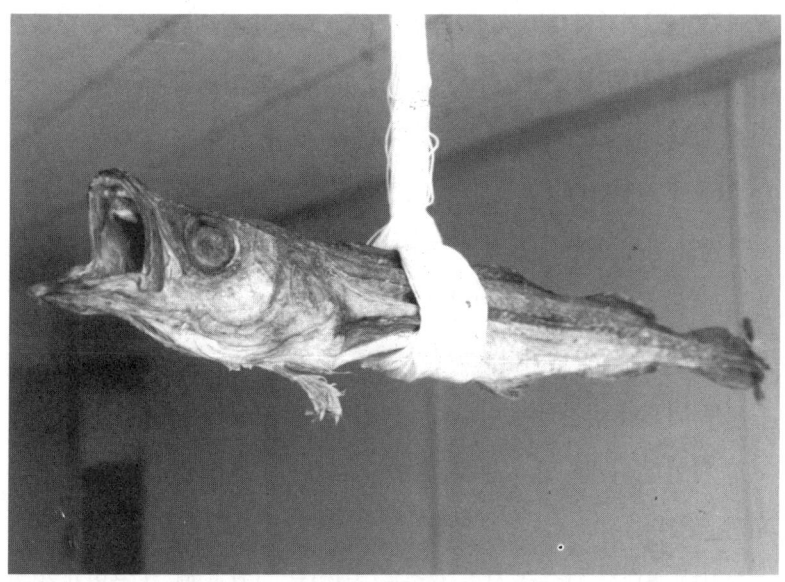

장삿집 천장에 고고하게 매달려 있는 북어. 먹음새, 쓰임새에 따라 여덟 가지로 불렸던 명태는 죽어서도 썩지 않는, 기품서린 신성어족으로 대접받았으며 탐욕을 잃은 정갈함과 아귀찬 강단으로 인해 선비와 민초들의 추앙받는 주물(呪物)이었다.

한다. 이들은 모두 죽은 뒤에 얻은 이름이니, 말하자면 시호나 다를 바 없다. 예삿사람으로는 영화가 이에 미치지 못할 것인 즉, 북어 앞에 엎드려도 한참을 엎드려야 할 것이다. 그런가 하면 강원도산은 특별히 강태라고 하니 명태 덕에 강원도 이름이 빛나고 있다.

'민속분류법'이란 말이 있다. 한민족이나 종족이 남달리 사물을 분류해서 이름붙이는 기준이다. 가령 꿩이 암수에 따라서 까투리, 장끼, 그리고 꼬시래기(물고기)가 커지면 문주리로 따로 이름을 갖추게 되는 등 보기는 비교적 흔하다. 이들 보기는 한 가지 사물이 그 상황이나 상태에 따라서 여러가지로 가름되어서 이름을 각기 따로따로 가지게 되는 것을 보여주고 있거니와 한국의 민속분류법을 모조리 다 뒤져보아도 명태같이 여덟 가지로 분류되어서 여덟 가지 이름으로 불려지고 있는 사물은 달리 없다. 이것은 명태가 한국인의 생활, 문화 속에 깊이 널리 파고들어 있음을 시사한다.

이름이 원체 다양하니 그 먹음새나 쓰임새가 하고많은 것은 너무나도 당연하다. 국이나 찌개는 그렇다 쳐도 나물에 포에 부침에 찜까지 해서 반찬으로는 다기능적이다. 그런가 하면 찢어지거나 보풀음으로 해서는 무쳐도 먹으니 반찬만이 아니라 술안주나 군것질거리로도 산채를 부러워할 턱이 없다. 또 달리 맑은 국은 주독이나 고뿔을 풀 약으로도 그 효험이 드높다.

그러나 명태는 제수로 신주로 주물(呪物)로 섬겨질 때 그 쓰임새가 가장 돋보이게 된다. 물고기 중 신주섬김을 받는 것은 오직 북어뿐이다. 그래서 우리들은 명태를 감히 '신성어족'이라고 불러야 한다.

한 집안이 정 가난해서 제수차림이 마땅치 않을 경우라도 북어포만은 빠뜨릴 수 없다고 했다. 아니, 진실로 궁하면 북어포 한 쪽이라도 제수는 족하다고 했다. 북어는 최후의, 최선의 제수다.

그러나 굿청이나 고사에서 북어는 제수라기보다 아예 신주이거나 아니면 신비로운 주물이 되어서 최상의 신좌(神座)에 앉는다. 굿청에서 북어는 다른 제수와는 사뭇 별격이다. 쌀이 수북 담긴 큰 사발에 꽁지 박고는 북어는 곤두서 있기 마련이다. 꼿꼿하게 머리 쳐들고 있는 폼이 아무래도 독불장군이고 독야청청이다. 그는 죽어서도 결코 눕기를 바라지 않는다. 하물며 그가 고개를 숙이다니…….

무당은 굿을 하다가 흥이 나면 북어을 사타구니 사이에 끼고는 춤을 춘다. 심한 경우 무당 허리는 실룩샐룩이고 궁뎅이는 오리꼬리 흔들리듯 한다. 그에 따라 동태 머리가 끄떡댈 테니 이는 영락없이 양물 드러낸 사내가 요분질하는 꼴이다.

하필 그 꼴에 더해서 저승길 가다가 여자임이 탄로 나게 된 남장한 바리공주가 짐짓 남자인 척하고 다른 사내와 서서 오줌누기 경합이라도 벌이는 장면을 연출하게 된다면 굿청은 낭자한 웃음판이 되고 만다. 신주이던 북어는 이내 남정네 그 물건으로 둔갑하는 것이지만 이게 다 북어머리의 뭉뚝함과 그 몸꼴 뻣뻣함에 힘입은 것이다.

죽어서도 썩기를 면한 존재, 그것만으로도 명태는 영원한 것이니 그가 왜 신주가 되고 주물이 되었는가 알 만할 것이다. 배에 모셔지면 서낭이요, 가게 안에 모셔지면 영락없는 성주인 것이 곧 북어다.

뿐만이 아니다. 북어는 글씨로 치면 '수경(瘦勁)'이니 야위어서 오히려 굳센 글씨체다. 아니면 '수경(瘦硬)'이라고 해도 좋으니 두보가 귀품이 서려서 신과 통한다고 찬탄해 마지않던 그 글씨본이다. 그러기에 북어는 '추사체 고기'라고 불러도 무방하다. 썩지는 않아도 납작공이 몰골인 오징어 따위로는 어림도 없다.

글씨로는 수경의 추사체요 새라면 수학이요 나무라면 구매 아니면 수송이니 북어는 선비로 치면 왕이 불러도 벼슬 마다한 처사, 혹은 징사(徵士)다. 남산골 샌님이라고 해도 나쁠 것 없다. '훼척골립(毁瘠骨立)', 살 한 점 없이 뼈만 앙상한, 그러나 기는 더욱더 승하여 남들 겁먹게 만드는 선비다. 세상 어중이떠중이들 누구나 탐내는 것이면 벼슬도 권세도 천하고 누추할 수 있어서 기름진 누리 일부러 피해서 척박한 돌자갈밭에 평생을 기탁한 '한사(寒士)'다.

선비들로야 북어 섬길 그만한 명분이 있었다지만 순연한 무지렁이 민초는 또 무엇을 믿고 북어에게 지성을 바쳤단 말이던가? 평생 가야 기름기며 비린 기운입에 올리기 겨운 말라깽이 서민들로야 그나마 믿을 것이라곤 악이요 오기요 깡다구였으니 오직 그것만이 이 앙다물고 사생결단으로 세상 살아가는 생기였으니 절로 북어로 인생살이 본으로 삼을 수밖에…….

죽어서도 오히려 썩지 않고 버티는 게 북어다. 버텨도 예사 버티는 게 아니라 배배 꼬이고 뒤틀려도 그 때문에 되레 아금받고 아귀찬. 그래서 모질고도 질긴 강단을 우러러서 민초들은 혹은 서낭으로 섬기고 혹은 성주로 모신 것이다.

아무려나 선비정신으로도, 민초의 근성으로도 북어는 밑질 것 없다. 학이며 매화의 기개라서 선비가 섬긴 것을 민초들이야 저들 깡다구의 정화라서 삼가 모셔 받든 것이다.

똥오줌 예찬
— 뒷간의 사상

다른 고을과 마찬가지로 경남 의령읍 돌목도 비석거리다. 한데 그 하고많은 비석 가운데는 똥으로 꽃향내 풍기고 있는 효부비 하나가 섞여 있다.

> 시아비 아무개 병이 위중했다. 한여름에 설사병을 앓은 것이다. 하루에도 여러 차례 설사를 해대는 환자의 변을 받아서 그 빛과 묽기로 병가늠을 하던 며느리는 차도가 없자 다른 방법을 택하였다. 입으로 맛을 보아서 병중을 가늠했다. 그 보람이 있어서 병이 나으니 온 고을이 칭송해서 이 비를 세우노라.

이 대목을 읽어 가는 동안 필자는 어안이 벙벙했다. 아니 이럴 수가? 오죽하면 못된 인간 욕할 때 '입에 똥을 퍼담을 놈'이라고 하지 않았던 가. '똥이 무서워서 피하나'라고도 했다. '똥에 뒹길 놈'이라고도 했다.

한데도 시아비 똥을 입에 머금고는 병세를 가늠하다니, 필자는 파랗게 얼굴이 질리는 느낌이 들었을 정도다.

'똥의 효'라면 그것은 '피의 효'와 능히 짝을 지을 만하기 때문일까? 숨 끊어지기 직전의 부모 입에 제 혈맥 갈라서 피를 넣어드리는 효가 하늘이 내린 것이라면 제 입에 부모 똥을 머금는 효 또한 출천지 효라고 옛사람들은 믿은 것일까? 피가름으로 혈류 사이에 정성이 통하는 것이라면 똥가름으로 천륜이 다져질 수도 있어야 한다고 그들은 다짐둔 것인가?

이럴 경우 똥도 피와 마찬가지로 물보다 진하다고 해야 한다. 피가름이 철저하다면 똥가름 또한 비창하다고 해야 하리라. 인생이 한편의 비극이라고 할 때 피만으로 비장미가 일구어지는 것이 아님을, 똥으로도 비장미는 성숙함을 의령 효부비는 보여주는 걸까?

어떨까? 이만하면 '민초의 시학'을 말함에 똥이라고 해서 무턱대고 피하기만 할 게 아님을 헤아리게 되리라 믿는다. 해서 또 다른 똥의 사연을 알아보기로 하자.

때는 일정시대 조선총독부와 타협한 주지들을 위한 모임이었다고 한다. 당대의 걸출한 스님이시던 만공께서 억지로 그 역한 자리에 나올 수밖에 없도록 시대는 험악했다. 해서 만공은 화두를 꺼냈다. "이 세상에서 가장 더러운 것은?" 그러자 쉽게 '똥'이란 대답이 나왔다. 만공이 또 물었다. "그보다 더러운 게 있다면?" 누군가가 '송장'이라고 했다. "암 그렇고 말고요. 농부들이 똥을 곁에 두고 새참은 먹어도 송장 옆에 두고는 그러지 않지요. 한데 딱하게도 그보다 훨씬 더러운 게 있다면?" 만공의 화두는 계속되었다. 이번엔 금새 답하는 사람이 없었다. 한참 침묵이

흐른 뒤 만공이 크게 호통쳐서, 벼락쳐서 말하되 "그건 일제와 타협한 너희 주지들이다."

이 만공의 일화에서 특히 향기로운 게 있다면 똥을 사람과 친숙한 것으로 말하고 있는 대목이다. 똥냄새야 오히려 고명 삼아서 밥을 먹어대는 농군들을 그가 강조하고 있기 때문이다. 똥 곁에서 밥 못 먹을 사람이 있다면 그 현대적인 분들을 위해서 특별히 미당 서정주의 「똥시」한 편 구수하게 읊기로 하자.

> 아무리 집안이 가난하고 천덕구러기래도 조용히 호젓이 앉아, 우리 가진 마지막 것……. 똥하고 오줌을 누어두는 소망 항아리만은 그래도 서너 개씩은 가져야지.
>
> (중략)
>
> '하늘과 달과 별은
> 소망에도 비친다네.'
>
> 가람 이병기가 술만 거나하면 가끔 읊조려 왔던, 그 별과 달이 두루 잘 내리비치는 화장실……. 그런 데에 우리 똥오줌을 마지막 잘 누며 지내는 것이 역시 아무래도 좋은 것 아니겠나? 마지막 것이라면야 이게 역시 좋은 것 아니겠나.

이 시에서 사람과 똥오줌 사이의 정분은 이미 은근하고도 웅숭깊다.

사람을 가리키는 대유법(代喩法)에 '똥집'이 있고 또 '똥주머니'가 있다. 사람은 필경 움직이는 '소망 항아리'란 뜻이리라. 두 낱말이 다 욕인 것은 아니다. '똥집좋다'면 헌헌장부의 체격이 출중하다는 뜻이다. 익살로는 가히 황금과도 같아서, 모든 노란 게 황금은 아닐 테지만, '똥집'의 똥

정도 되면 그 노랑은 영낙없는 황금이다. 오죽하면 천하장사쯤 되는 힘이면 속절없이 '똥힘'이라고 하지 않았던가. 아니면 민초들의 삶의 막장에서 되짚어 일어서는 무지막지한 뚝심도 따지고 보면 똥힘 아니던가.

소망 위에 장비 말 타는 기세로 쪼그리고 앉아서는 고추 세워진 무릎에 괸 두 팔로 턱을 바치고, 그리곤 삼이웃이 들을 정도로 끙끙대면서 용도 쓰고 깡다구도 부림으로써 비로소 몸에 익힌 힘 그런 것으로 민초는 살아가는 것이니, 그들 삶의 저력이야말로 똥힘이 아닐 수 없다. 그 몸집은 똥집이 아닐 수 없다.

똥오줌은 친숙하게 대한 것만이 아니다. 신비로운 힘을 지닌 주물(呪物)로 섬김받기도 한 것이다. 사람이란 참 묘한 존재여서 자신의 배설물을 부정(不淨)시 하면서도 한편 초자연적 효험을 지닌 실체로도 간주한 것인데 침, 피 이외에 똥오줌이 이에 속한다. 하다 못해 여성의 경혈조차 도깨비 쫓는 주술에 사용된 것이니 더 뭣을 말하랴. 그러니 그것들이 민간의술에서 왜 활용되지 않았을라고.

서정주 시인이 '소망'이라고 이름 부르고 있는 우리들의 뒷간에서 용수 바쳐서 걸러낸 맑은 윗물에다 막걸리를 섞어서 다시금 걸러낸 '오줌술'은 골절이나 뼈 타박상에 직효라고 일러져 왔다. 햇살이라도 받을라치면 꽃다지 빛으로 눈부신 그 선약을 들이키면서 수염 훑고는 '카!' 소리치며 트림까지 크게 내지른 사람이 있었다고 옛이야기 한 토막 전해져 있을 정도다. 골병이 깊어진 환자가 이 오줌을 먹어내지 못하고서 토하게 되면 더는 목숨부지가 어렵다고 전해져 있기도 한 것이다. 이승 명줄이 오줌 한 사발에 걸렸었다.

다같이 똥오줌이라지만 그것을 질겁하면서 버리는 사람과 그것을 떠받들 듯이 따로 간수해서는 요긴한 데 요긴하게 쓸 줄 아는 사람 사이에서 같을 수는 없다. 시체 사람들에게 똥오줌은 재활용 불가의 쓰레기지만 옛날 어진 사람들에게는 엄연한 재활용품 제1호였다.

그것을 말해주는 기막힌 일화 한 토막.

경우 밝고 셈 바르기로는 천하제일로 알려진 옛 개성 지방에서 일어난 일이라고 전해져 있다. 가을 농사철이 되면 당연히 이 지역에서는 거름으로 쓸 똥오줌을 사고 팔았다. 한데 그게 황금값이었다. 하니 자연 흥정이 붙고 더러 야바우가 껴들기도 했다나……. 파는 사람은 양을 늘려 팔자고 물을 타고, 사는 사람은 불량품에 속지 말아야 했다. 해서 사는 사람은 비방을 동원할 수밖에…….

'이 거름은 물을 섞었겠다. 맛 좀 보고 값을 정해야지.'

그러면서 손가락 끝에 듬뿍 똥오줌을 묻혀서는 혀로 빨고 입맛까지 다셔가면서 농도 측정을 하는 것이었다. 이쯤해서 상인의 부도덕성이 구리게 드러나곤 했다지만 고객에게도 문제는 있었다고 한다. 왜냐하면 그렇게 품질검사를 한답시고 여러 곳 들락거리면서 손가락 끝에 묻히고 묻히고 하여서는 늘린 똥오줌을 따로 챙겼다고 하니, 그야말로 내놓고서 하는 도둑질이나 진배없다. 그러나 이쯤하지 않고는 아무도 똥오줌의 값, 그 가치를 어림으로라도 헤아리지 못하리라.

그렇듯이 옛 할머니들, 그 구수하고 애틋하시던 할머니들께서 요강에 받은 손주들 오줌이랑, 아침마다 손 씻으며 손치장에 쓰시던 것이니 그로써, 늘 손을 부드럽게 간수하신 것이다. 그러니 오줌이란 게 요즘 주름살 지운다는 저 화장수만큼 값있는 것이 아닐 수 없다.

 그러기에 할머니 손결 다듬은 오줌이 청아한 피리소리 가다듬었음은 너무나도 당연하지 않는가. 통영시의 정영만 씨는, 자신이 무당출신임을 부끄러워하지 않는 젓대의 명인이다. '남해별신굿'으로 해서 무형문화재로 그 이름이 빛나고 있는 이 달인은 '오줌피리'를 무척 자랑한다. 오줌에 저려서 야물린 시누대라야 비로소 햇빛, 달빛 부러울 게 없는 맑고도 해맑은 소리를 낸다고 했다.

 대금과 더불어서 피리는 이 나라의 대표적인 대소리, 곧 죽음이니 대소리라면 바로 한국적인 음악의 음악이 아니던가. 그게 오줌 머금고서야 비로소 제 소리를 얻으니 이는 '오줌득음'일 게 분명하다. 정영만 씨의 피리소리는 '오줌가락'이고 오줌토리다.

   똥구시에 빠진 방구
   봉시귀신 양념방구
   장날마다 모인 방구
   숙덕숙덕 공론방구.

 한려수도, 물 좋은 도다리, 감성돔 아니면 아예 입에 대지를 않는 삼치이(삼천포) 사람은 이 같은 물색좋은 방귀타령을 하는 신선도골의 풍류들이시다.

 "똥 깨나 뀌고 방구(방귀) 깨나 날린다"는 것은 멋부리고 잘 산다는 뜻이니, 우리들 누구나 한 번쯤 그러고 싶지 않은가.

까치밥이 걸린 나무
— 그 마지막 한 알의 사연

빈 밭에 남겨진 한 가닥의 수수이삭으로 해서 가을은 명상의 깊이를 더한다.

훨훨 벗어던진 감나무 가지 끝에 매달린 한 알의 감으로 해서 늦가을은 그 외로움을 갈무리한다.

하나가 남는다는 것. 그것은 너무나 숙연하고 또 소슬하다. 사람들은 최후의 하나를 지켜보면서 혹은 적요함에 혹은 기우는 것의 기척에 젖어들 것이다.

가령 물이 멀리멀리 빼어져 나간 조금의 어느 한 때, 황무(荒蕪)의 모래사장에 짐짓 내버려진 듯, 엎혀진 마생이(나무배) 하나를 보는 것은 도대체 무엇이란 말인가.

그 흣한 배는 기다림이기보다는 체념의 바람 기운이다. 영원히 닻을 올리지 못할 좌초를 위한 묘비로서 외딴 배는 황무의 모래톱에 나동그

늦가을 감나무에 걸린 최후의 홍시 한 알. 우리는 굳이 마지막 하나를 남기는 습속을 지니고 있음을 이 홍시 한 알에서 알게 된다. 까치밥은 올 가을의 종지부이자 내년 봄의 기약이다.

라져 있게 마련이다. 그것은 떠나간, 잊혀져 가는 사람이 몇 줄 글을 긁적대다 만 한 장의 백지, 그나마 누렇게 빛이 바랜 침묵 같은 것이다. 그 마생이 곁을 지날 때 사람들은 누구나 세상 끝을 사라져가듯 걸음을 옮기게 되리라.

하지만 먼 길을 가다가 저 만큼 고개턱에 숨은 듯 박힌 외딴 집 한 채를 만나면 사람들은 전혀 다른 상념에 젖을 것이다. 그것이 지상에 상기도 남겨진 신뢰라는 것, 그리하여 누군지가 마지막 한 마디의 의미 있는 전갈을 위해서, 아직껏 단 한 번도 입을 열어보지 안은 채 지켜낸 묵시(默示)란 것을 이해하게 되는 것은 아닐지…….

그렇다면 감나무에 걸린 최후의 홍시 한 알, 저 우리들의 까치밥의 속뜻은 무엇일까? 그것은 무엇을 묵시하고 있는 것일까?

> 반중 조홍감이 고이도 보이나
> 유자 아니어도 품음직하건마는
> 품어가 반길 이 없을 새, 그를 서러 하노라.

이렇듯 감이 익어서 홍시로 붉으면 한국인의 지극한 정이 익는다. 효성만이 아니다. 내리사랑도, 이웃 도타운 정도, 그리고 삶이며 목숨에 부치는 정도 익는다. 누구 할 것 없이 서로 품어주기 바라는 한국인의 정은 홍시와 더불어서 익는다.

감만이, 오직 감만이 이 땅의 여러 과일 중에서 유달리 여러가지 이름을 갖고 있다. 일러서 땡감으로 자란 감은 조홍시, 홍시를 거쳐서는 드디어 연시가 된다. 또 달리 독 안에서 익혀지면 침시가 되고 햇볕에 말려지면 건시, 곧 곶감이 된다. 만약에 고욤까지 덧붙인다면 감은 여섯 가지씩이나 이름을 누리게 되니 이 같은 보기는 다른 과일에는 없다. 곡식낟알에서조차 비슷한 보기는 찾을 수 없다.

이른바 '민속분류법'의 지식을 빌리자면 한 민족에게 있어서 중요한 기능을 다하고 있는 사물일수록 다양하게 계층화되고 또 분류되곤 함을 알게 된다. 감은 그만큼 우리들 먹살이와 정서에서 큰 몫을 차지했던 것이다. 잎으론 차를 달이고 꽃으로는 어린이들 군것질거리가, 그리고 소녀들을 위한 장신구, 이를테면 목걸이가 마련되곤 했다. 허이연, 제법 단단한 꽃을 줄에 꿰면 향긋한 목걸이가 되었다.

추부라추부라(추워라추워라) 감자상
영감 땡감 감장사.

영문도 모르고 부르긴 했지만 어린이들의 한겨울은 감노래가 있었기에 추워서도 오히려 좋았다.

한데 왜 구태여 마지막 한 알의 감, 곧 까치밥을 남긴 것이었을까?

이 물음에 대해서 우리들은 한국인이 다른 경우에도 굳이 마지막 하나를 남기는 습속을 지니고 있음을 연상함으로써 답을 내릴 실마리를 잡게 된다. 한 세대 전까지만 해도 장사꾼들은 주머니 속에 마지막 동전 한 닢을 씨돈이라고 부르면서 남겼다. 그게 씨가 되어서 숱한 새끼를 치게 될 거라고 믿었던 것이다. 해서 까치밥은 금년 가을의 종지부이자 내년 봄의 기약이었던 셈이다. 오늘의 끝이 내일의 비로솜임을 까치밥을 남긴 사람들은 익히 알고 있었던 것이다.

하지만 이 한 가지 대답만으로 얘기를 마감할 수는 없다. 거기에는 또 다른 의미가 있기 때문이다.

한국인은 음식을 먹을 때, 사람 아닌 다른 존재의 몫을 따로 덜어내 놓았다. 제사가 파한 다음 문 바깥에 음식을 내다놓은 게 바로 그렇다. 그런가 하면 우리들은 또 '고시레'를 해왔다. 신령이나 그 밖의, 혹은 자연적 존재 아니면 초자연적 존재와 음식을 나누되 먹기 전의 것이 고시레라면 먹고 난 다음의 것이 문 앞에 내다놓은 제삿밥이다. 까치밥은 이 후자의 보기와 같을 것 같다.

여기 한국적인 나누어 먹기, 십시일반의 함께 먹기 정신의 일단이 있을 듯하다. 사람끼리만이 아니다. 신령이며 새들과도 나누어 먹자고 든 것이다. 신령과 더불은 인간존재, 자연사물과 더불어 인간존재를 믿었던 사람들의 참 모습이 여기에 있다.

하지만 까치밥의 덕목이 겨우 이 두 가지에 그칠 수 없다. 또 다른 셋째 덕목이 있기 때문이다.

가령 여러 사람이 맛나는 음식이 담긴 접시 앞에 앉아 있다고 생각해 보자. 다들 허겁지겁 먹다가도 서로 미리 약속이라도 한 듯 최후의 한 술이나 한 토막 앞에서는 수저를 놓고 만다. 그게 꼭 까치밥 같다고 생각이 되거니와 거기 겸양의 덕이 있음은 의심할 여지없다. 그럭저럭 우리들은 마지막 먹거리 하나를 남기는 버릇을 지녀온 것이다. 이 점은 혼자 독상을 받았을 때도 마찬가지다. 하지만 이 경우에는 겸양의 덕과는 다른 뜻이 있다고 보아야 한다. 그게 뭘까?

짐짓 버려진 듯한 마생이(나무배) 하나를 본다. 이 마생이 곁을 지날 때 사람들은 누구나 세상끝을 사라져가듯 걸음을 옮기리라. 마지막 하나를 남겨놓는 의미를 되새기면서……

그것은 대접받은 사람이 대접한 사람에게 치르는 깍듯한 인사요 예이다. "당신께서 모처럼 잘 차려주신 음식, 과부족 없이 먹었습니다."

이런 뜻이 조금 남겨진 음식에 담겨져 있다. 맛있는 음식일수록 홀라당 죄 먹어치우는 게 아니다. 싹싹 핥듯이 먹어치우는 것은 아무래도 집안의 네발짐승 같아서 흉하다. 그렇다. 마지막 한 점, 한 토막의 먹거리는 과부족 없음의 표현이다. 하긴 우리와 지척인 이웃 나라에서라면 하나도 남김없이 싹쓸이하듯 먹어치우는 것이 손님의 테이블 매너로 옳은 것이라고 치부되는 보기가 아주 없는 것은 아니다. 하지만 그것은 아무래도 한국인 구미에는 맞지 않는다.

그렇다. 까치밥은 인간이 자연에 바치는 고마움의 정, 이를테면 '과도 부족도 없습니다'라고 말하는 고마움의 정을 표상한다. 그것은 한국인이 자연을, 그리고 그 섭리를 과부족 없음 그 자체, 말하자면 중용의 넉넉함이라고 믿었기 때문이다.

 이제 다시 된서리 내리면 철은 또 한 번 바뀌리라. 임종하는 숨결로 식어갈 하늘 중천에서 단 한 알의 까치밥이여, 존재하는 것의 최후의 의지로 그 주홍빛을 더하리라.

왜 못 먹어!
— 보신탕을 위한 항변

천하의 농부들아, 천하의 대본들아
복날이 들면 어찌 아니 먹으리
어찌 아니 보신탕을 먹으리.

이건 조선조의「농가월령가(農家月令歌)」중의 한 빼어난 토막이다. 물론 꼭 이대로는 아니다. 그 숨은 뜻, 감추어진 오기까지 짐작해서 현대식으로 개작한 노랫말이다.「농가월령가」면 시쳇말로 해서 '월별 농사짓기 생활지침 노래'다. 거기다 창작자는 정다산 선생의 집안 사람인 정학유라고도 알려져 있으니 그 권위를 조금도 의심해서는 안 된다. 말하자면 '개고기타령'이 들어 있었다고 해서 농가월령가를 대접하기를 '야만인의 개 짖는 소리' 쯤으로 치부해서는 안 된다.

백중을 지나면서부터 바야흐로 논농사는 전쟁치르기나 진배없다. 물꼬 손질에 김매기에도 죽을 지경인데 그놈의 태풍인지 망나니인지는 도무지 사람 숨 한번 제대로 크게 쉬게 내버려두지를 않는다. 엎친 데 덮친다더니 빈대, 벼룩, 모기 해서 물것이 지천이라, 더위에 눌려서 놓치게 마련인 여름잠은 놀란 토끼잠이 되기 일쑤다. 해서 사람들은 탈진하게 마련 아니던가.

무슨 수가 좀 있긴 있어야 할 때다. 뭘 좀 먹고서 정신 좀 차려야 할 때다. 그나마 기름기 낀 것을 보리밥만으로 푸석해진 속에다가, 그 잦은 방귀 몇 번 뀌고 나면 귀신이 곡하게 헐어터진 빈 주머니 꼴이 되고 마는 속에다가 우겨서라도 넣어야 한다. 복날 염천에 단 한 번이나마 허해진 속을 육기(肉氣)로 달래지 않으면 사람 실성할까 겁난다.

하지만 막상, 무엇으로 채운다? 소? 말도 아니다. 돼지? 말이야 쉽지. 그렇다고 개미나 지렁이 잡아먹을 일도 아니고 아무래도 큰일이다. 하지만 궁하면 통한다고 하지 않았던가 말이다. 손쉬운 곳에 고깃덩어리가 있는데 말이다. 그것도 살아 움직이고 있는…….

이래서 우리들은 개고기를 먹게 되었으니 '보신탕'이란 기차게 잘 지은 이름이다. 모르긴 해도 동양철학에 도통한 작명가(作名家) 아니고선 그렇게 경우에 맞게 지었을 턱이 없다.

사리가 이토록 분명한데도 여기 시비를 거는 이들이 있다. 가로되 '개 먹는 한국인은 야만인이다', 아니면 '개를 먹어대는 한국인이 주최하는 올림픽에는 참여할 수 없다' 등의 말이 바깥에서 들려왔을 적에 표현이 좀 사납긴 해도 '그게 다 무슨 개 짖는 소리냐'라고 응답해야 옳았던 것이다. 아니면 '왜, 무얼 못 먹어서 헛소리야.' 이쯤 받아넘겼어야 마땅

했던 것이다.

하지만 실상은 그렇지 못했다. 서구나 미국에서 온 소리라서 그만 관변(官邊)에서 먼저 주눅이 들기 시작했다. 개로 치면 심하게 꼬리를 감아 붙인 것이나 다름없는 꼴을 보인 것이다. 정말이지 이것은 칠칠치 못한 짓이었다.

도대체가 말이 안 된다. 서구의 어느 나라처럼 말을 잡수셔도 좋고 미국의 일부 지방처럼 다람쥐를 탐식해도 좋은데 왜 개는 안 되는지, 개에게 물어본다 치면 개가 하품할 노릇이다. 말과 다람쥐 잡수시는 것은 문화적이고 개를 먹는 것은 야만이란 등식을 우기고 또 믿는 사람이 있다면 그 따위 사고방식이야말로 야만의 극이라고 해야 한다. 서구의 문화가 비서구 세계에 대해서 편견을 고집했을 때 스스로 그 야만성을 노정한 것을 우리들은 세계근대사를 들여다보면서 이내 알게 된다.

이제 개도 먹을 수 있다는 논리를 서구식 사고방식에 젖은 사람들 알아듣기 쉽게 문화적으로 따져 보자.

이를테면 미국식 기준으로 칠 때 '도그(dog)'는 '펫(pet)'이다. 애완동물이다. 그들은 하도 별나서 별의별 동물을 펫으로 섬기고 있다. 더욱 사람도 펫이 된다. '티처즈 펫'이라면 선생이 각별히 사랑하는 학생이다. 뿐만이 아니다. 사람에게 붙인 '펫네임'이란 것도 있다. 가령 고 아이젠 하워 대통령의 펫네임은 '아이크'였음은 익히 알려져 있다. '아이 라이크 아이크(I like Ike)'라는 슬로건이 아니었더라면 그가 대통령이 되기는 어려웠을지도 모른다고 가정해 보면 펫네임의 위력을 알 만하다. 요컨대 펫이란 극히 인간적인 친근감을 자극할 대상이다.

따라서 이 같은 펫의 개념을 개에게 붙인 문화민족(?)들은 당연히 개를 잡숫지 말아야 한다. 펫네임으로 부를 사람을 사랑해야 하는 것과 같은 이치다. 그들이 도그를 간드러진 목소리로 '도기(doggy)'라고 아양을 떨어서 부르는 것은 우리로 치면 할머니가 눈에 넣어도 아프지 않을 손주를 두고 '아이고, 내 강아지' 하는 것과 비슷하다.

보신탕은 복날 염천에 시달리던 가난한 민초들의 허해진 속을 달래주던 조상 전래의 음식이다. 사진은 김홍도의 「들밥」.

하지만 우리에겐 개가 결코 펫이 아니었다. 어디까지나 가축이었다. 개머리를 미용해서는 리본을 매어주고, 그리곤 자가용 뒷자석에 모시고 다니는 극히 일부를 제외한 한국인에게 개는 예나 지금이나 어엿한 가축이기로는 소나 돼지와 다를 바 없다. 시골에서는 개는 예대로 소나 돼지처럼 뜰 한 구석에 매어서 기른다.

한데 가축을 못 먹으라니? 이게 도대체 무슨 영문일까? 기왕이면 소와 돼지도 못 먹게 했어야지! 그랬더라면 우루과이라운드고 뭐고 속 썩히지 않아도 되었을 텐데 정 우리를 나무라겠으면 왜 '개를 펫으로 삼지 않고 있느냐'라고 해야 옳았던 것이다.

같은 개라도 한국개와 미국개는 겉보기만 같다뿐 속은 완전히 다르다는 것을 저 외국문화인(?)들은 모르고 있는 것이다. 그것들이 속한 문화적 범주(範疇)는 사뭇 딴 판으로 다른 것이다. 바로 이 점을 몰랐으니 문화인답지 못하다.

  무엇을 먹고 안 먹고 하는 원리는 누구를 혼인대상으로 삼고 안 삼는 원리와 같다. 이것은 문화인류학적인 진리다. 양쪽 모두 지나치게 멀어도 안 되고 지나치게 가까워도 안 된다. 우리들은 서구문화인들을 좀체 혼인대상으로 삼으로 들지 않듯이 버팔로를 먹을 염을 애시당초 내지 않는다.

  우리에겐 동성동본 모두 가까워서 혼인대상이 될 수 없듯이 한 방안에서 침식을 같이 하는 고양이를 먹으려 들지 않는다. 한데 무엇이 멀고 가까운가는 그 나라 문화가 결정짓는다. 서구인이라면 사촌을 넘어버리면 먼 사람이어서 능히 혼인대상으로 삼을 수 있음을 보아도 알 일이다.

  사리는 이토록 분명하다. 제발 '개 먹는 야만인'— 그런 남 억장 무너질 소리들 하지 말아다오. 하지만 오늘날 한국의 대도시에서는 개가 '펫'이 되어 가는 추세가 강하다. 한국의 개가 가축을 벗어나서 '애완물'이 되어가고 있는 중이다. 그것도 역사의 변화, 민족문화 전통의 변화라고 불러야 할지 어떨지는 조금 더 두고 생각해 보기로 하자.

낟알 털고 시름도 털고
— 도리깨질 장단

선무당 귀신 겁내지 않듯이 되잖게 덤벼 보았으나 말짱 허사였다.

도깨비 방망이 다루기가 이런가 싶게 장부(채)를 휘둘러 보았으나 장부보다는 먼저 내가 휘청됐다.

날이 제대로 돌아가질 않고 좌우로 요란을 떨었기 때문이다. 날이란 게 꼭 바람개비처럼 한 방향으로만 돌아가야 하는 건데 그게 도무지 장부를 타고 이쪽 저쪽 버꾸를 넘어댔으니 그 서슬에 도리깨질하는 장본인이 먼저 비틀댄 것이다. 거기다 서툰 씨름꾼 용만 쓰듯이 힘주어서 장부를 휘둘렀으니 하마터면 내가 자빠질 뻔한 것이다.

"앗아라, 말아라, 고수(교수)잡겠다."

요령을 일러주고는 옆에서 지켜보고 있던 농군이 참 묘한 후령으로 장단을 잡았다.

이게 바로 도시 농촌 사이의 거리인가 싶었다. 도시인의 깜냥으로 제

도리깨질은 동그라미를 그리면서 휘몰아치는 노동무용 아니면 상무춤이었다. 육두문자 타령에 맞춰 속이 후련해지도록 두들겨야 모든 일의 문리가 통하고 씨가 먹히듯 매맞은 팔자. 농사꾼들의 속내도 그렇게 풀어졌다.

대로 돌아갈 거라고 농촌시책을 세우곤 한 것이지만 그게 일일이 뒤틀대고 휘청댄 꼴과 내 꼴이 비슷했다. 결과적으로 농촌 시책이 욕이 되어서 도시인에게로 되돌아오곤 하던 꼴이 생각났다.

벼베기가 수확의 시작이라면 홅기(탈곡)는 그 중간이고 방아는 그 마무리다. 이 같이 수확을 위한 삼부 작업의 가운데 토막인 홅기를 털기라고도 한다. 하지만 부인네가 방망이나 작대기로 앉아서 깨나 콩 따위를 터는 것과 타작은 같을 수 없다. 남정네가 보리나 벼 등 주곡을 터는 게 타작이다.

여기에도 남녀의 성차별은 엄연히 있으니 이래저래 한국 사회의 여성 타박은 자심하다고 해야 한다. 앉은뱅이로 탈탈 터는 것과 춤사위로 혹은 씨름사위로 영치기 영치기로 터는 것과는 엄청난 차이다. 남정네는 탈춤사위로 도리깨질을 하고 도깨비는 그것도 밤도깨비는 도리깨 장단으로 방망이질을 한다고들 했던가?

타작은 마당질이라고도 하는 만큼 마당맥질부터 먼저 해야 한다. 마당을 판판하게 닦고 고르고는 널따랗게 덕석을 펴면 암평아리도 덜까불을 판인데 그 위에 보리나 벼를 그것도 북더기 벼를 펴면 작업준비가 완료된다.

이제 도리깨가 나설 판이다. 도리깨는 대나무 장대를 어른키 곱쟁이만큼 자른 장부(채) 끝에 날을 매달아서 만든다. 날은 넷 또는 그 이상의 가닥으로 엮어지거니와 워낙 열은 열나무 가지로 만든 것이지만 더러 대꼬챙이로 만들기도 한다. 산에서 절로 제멋대로 자란 나무인데도 오죽하면 구태여 '열나무'라고 이름붙였을라고.

겉보기야 그저 만만한 싸릿대 같은데도 굳이 도리깨 날의 열로 쓰이게끔 팔자를 타고났다고 해서 얻은 이름이 '도리깨 열나무' 바로 그것이다. 사람과 자연의 관계는, 아니 인연은, 아니 아니 궁합은 적어도 이쯤 척척이라야 한다. 신토불이도 이 정도는 되어야 제 격이다. 더러더러 땅바닥도 매치기 마련인 게 열인데 이거 도무지 어떻게 된 나뭇가닥인지 모질게 메쳐질수록 더욱더 낭창낭창해지는데다 더더욱 단단해지니 천생 도리깨 날의 열로 그 팔자가 매겨져 있다고 해야 한다.

그렇다. 그건 이 땅 농사꾼들의 팔자요 바탕 같은 것, 두들겨 맞고 갈겨 맞고 바심질로도 맞고 하면서 살아온 그들, 영낙없이 이 땅에서 '열'로 살아온 사람들이다. 스스로 열이 되어서는 곧장 맞으면서 살아들 왔으니 돈 몇 푼에 매맞기를 자청한 흥부가 따로 있는 게 아니다.

그건 그렇다 치고 열은 몇 가닥 합쳐져서는 날이 되고 그 날은 꼭지(비녀)에 매어져 장부끝 날 구멍에 헐겁게 끼어지기 때문에 장부가 휘둘러질 때마다 비행기 프로펠러처럼 맴돌이를 치기 마련이고 그 힘살에 못 이겨서 곡식알갱이들이 껍질에서 벗겨져 나오는 것이다. 그래서 날은 영낙없이 껍질 까부수는 휘추리가 된다.

도리깨질은 이 날을 아니, 휘추리를 마당바닥과 수직이 되게 돌리기도 하고 혹은 빗금으로 돌리기도 하면서 그때 그때 둥근 원을 그리는 것이니 도리깨질은 별 수 없이 휘추리춤이 된다.

'휙!' 장부가 하늘로 치솟아서 한 장단, '훌렁!' 날이 허공에서 원을 그려서 또 한 장단, 그리곤 '딱!' 땅바닥에 메꽂혀서 거듭 또 한 장단……. 이래서 결국 세 마치 장단으로 도리깨질 휘추리 춤은 진행된다.

작업의 진행 속도에 따라서는 날의 맴돌이가 길어질 경우도 있으니 이쯤 되면 늘어진 세 마치거나 아니면 아예 다섯 마치 장단이 된다. 이건 갈 데 없는 이 나라의 민요의 토리요 또 춤장단이다. 아니면 광대들의 땅재주 장단이다. 덩달아서 날이 줄기차게 원을 그려대면 이건 또 무어란 말인가. 별 수 없지. 사물놀이 장단 맞추어서 휘돌아나가는 상무춤, 서정주가 "열두 발 상무상무"라고 노래한 저 상무춤이다. 도리깨질은 장부끝 날이 상무 동그라미를 그리면서 휘몰아치는 노동춤 아니면 무용 노동이다. 일과 춤이, 노동과 예술이 쌍둥이듯 겹치고 또 닮았으니 이제 이쯤해서 우리들은 도리깨 날을 '상무날' 이거나 혹은 '날상무' 라고 불러도 무방하리라.

장단 맞춘 일이니 거기 어찌 노래가 없을쏘냐.

    오해야, 오해야, 형수 씨도 내 존만 보요
    제수 씨도 내 존만 보요
    삼이우지 다 댕기도 내존 하나만 바라보요

    오해야, 오해야, 이 보지를 쳐주거든 보지 끝을 단디 봐라
    어서어서 뚜드리소.

                                   — 김승찬, 『가덕도의 기층문화』에서

이같이 흥허물도 없고 체면 볼 것도 없이 상소리 육담에 육두문자가 가락을 타고 장단을 메기면 그에 따라 도리깨질은 신바람을 탄다. "욕도 못하고 쌍소리도 못할 바에 무슨 일 하라 말이고?" 이럴 경우 욕도 육두

문자도 이를테면 '일안주'가 된다. 더욱 지금 당장 우리의 일은 다른 일도 아니고 두들기고 패고 하는 일이 아닌가. 넘겨서는 패고 일으켜서는 두들기고 엎어서는 내리치는 게 타작이다.

"어허허 넘겨주마 / 어허허 두들겨주마" 이같이 메기고 받아야 비로소 타작판은 가락을 타고 춤판이 된다.

마치 곤장판이듯이 꼭 덕석말이판이듯이 떡치듯 하니 상소리 육두문자는 서당 아이들 공자 맹자 외우는 것과 조금도 다를 게 없다. 그래야 일의 문리가 통하고 일의 씨가 먹게 되어 있다. 그래야 하는 걸 어쩌란 말인가. 매맞듯이 살았으니 매질이야 왜 못 할라고? 매로 당한 것은 매로 풀어야 하는 법…….

아! 하지만 이제 우리들 시골 마당에서 타작판이 타작된 지 이미 오래다. 마당엔 텅빈 기운뿐, 농촌이 아예 북더기가 된 지 오래다. 다들 욕들어서 싸다.

이제 타작판 덕석 위에서 북더기가 되도록 누가 얻어맞아야 할지 그것은 물으나마나다.

난장판과 몽당연필
— 그건 그런거지 뭐

 우리를 일어서게 하는 것은 성취가 아니라 좌절이다. 우리로 하여금 앞으로 나아가게 하는 것은 안정이 아니라 불안이다.
 불안은 결코 죽음에 이르는 병이 아니다. 불안은 오히려 내달리는 충동의 어머니고 잠든 기름을 향해서 내닫는 불화살 같은 것이다.
 그러기에 불안은 기대의 또 다른 이름이다.
 그것은 내일을 향한 탐색, 비록 오리무중이긴 하지만 내일을 향한 촉수라고 해도 무방하다. 내일을 포기한 사람에게 인생은 밴댕이속이다. 내일이 어제 오늘과 마찬가지로 미리 정해진 대로라면 삶은 시계부랄에 불과하다.
 내일은 어떻게 될까? 다음은 어떻게 될까? 인생은 본질적으로 바람기 많은 절세의 미인 같다고 생각할 만큼, 도가 튄 사람들이 아니곤 불안은 향유하지 못한다. 잃고 따기는 어디 화투짝 마음이지 내 마음이냐고 달

통한 사람이라야 불안이란 것을 이해한다.

요컨대 내기며 걸기로 인생을 살아가되 그게 사뭇 진지하고 성실하게 또 끈질기게 삶의 도전에 응전하는 몸부림일 수 있는 사람들에게 불안이란 오기며 깡다구며 의지의 주춧돌일 수가 있다.

그런 사람들을 쉽게 장바닥에서 만난다. 그나마 의연한 가게전이나 좌판전에서보다는 숫제 난전에서 더 많이 더 자주 만난다.

장거리에 내던져진 돌멩이도 같아서 구르기에 따라서는 떡판에 박히는가 하면 개똥뭉치에도 박힐 수도 있는 그런 사람들에게 불안은 차라리 요행수의 단서 같은 것이다.

그들은 예사로 제멋대로 점을 쳐댄다. 요행을 떡주무르듯 하려고 든다. 적어도 겉보기로는 그렇게 보인다. 생활판에서 장땡이 잡기를 묵은 시대의 일부 정치군인들이 쿠데타 일으키듯 하는 걸로 보일 만도 하다.

하지만 나무라지는 말자. 그건 그들 삶의 집념이다. 물에 빠진 사람은 능히 지푸라기를 잡는다. 배 위에 편안히 버티고 앉은 사람이 그걸 비웃는다고 해도 소용이 없다. 도리어 진짜로 숙맥은 배 위의 사람이지 지푸라기 잡으려 덤비는 물에 빠진 사람이 아니다. 살고 못 살고는 물 마음이다. 우선은 잡고 보아야 한다. 움켜잡아야 한다. 그걸 실존적(實存的) 결단이라고 한다 해도 지나침은 없다.

사람 치고 본질적으로 '물에 빠진 사람' 아닌 사람 있으면 나와 보라고 하자. 멀쩡한 땅위에 두 발 딛고서도 사뭇 허우적대는 것 그게 인간이다. 필경 돈도 권세도 지푸라기다. 그러다가 누구나 물귀신이 되어 가는 것인데 다만 장바닥 인생은 지푸라기 잡는 물에 빠진 사람 의식을 남달리 치열하게도 진지하게 드러내 보임으로써 그들 삶에 스스로 남다른 징표를 붙인다.

새벽에 난장을 벌일 바로 그 순간 저만치에 장꾼이 나타났다고 치자. 그 순간 장사치의 눈은 절로 부러려진다. '앗! 제게 웬 떡이야. 애기 밴 임산부 아닌가.' 그러면서 그는 어깨춤을 춘다.

이래서 한 순간 살 판이 난다. 생각대로 임산부가 흥정도 않고 값을 치른다 치자. 이쯤 되면 오늘의 운수는 대박일 게 뻔한 것 아닌가!

하니 이 기막힌 요행수를 놓칠 수가 없다. 고놈의 운수 땜질하듯 붙들어 두어야 한다. 첫 마수걸이 돈이 웬걸 하필이면 빳빳한 '세종대왕'이라니! 장사꾼은 그걸 한사코 왼손으로 받아 모신다. 오른손은 절대로 안 된다. 다른 일에 노다지 써먹은 속된 오른손 아니던가! 고추애기 순산하고 대문 앞에 매단 금줄은 으레 왼새끼다. 탑돌이를 할 때도 강강술래도 당연히 왼돌이다. 돈 한 장 받아 섬기는데도 난장판인데도 의젓하니 '전통'이 설친다. 이걸 민족문화라고 해도 허풍떤다고 하지 말자.

왼손으로 받든 아니 받든 돈에 침을 세 번 뱉는다. "팻 팻 팻……." 그 참 시원스럽다. 침은 액막이기도 하고 부정쫓기이기도 하니 왜 아니 뱉을라고.

그리곤 돈을 머리에다 대고 "썩썩썩" 단 세 번 문질러댄다. 아! 어릴 적 가위바위보를 할 때 누구나 해보던 그 '단 세 번'이다. 이래서 세 살 버릇 여든까지 간다고 한 것일까.

드디어 돈은 이제 주머니 깊숙이 좌정해야 한다. 바지주머니도 허리에 찬 주머니도 당연히 왼쪽이라야 한다.

장사꾼은 돈을 꼭꼭 누르고 또 누른다. "꼭꼭 숨어라, 머리카락 보인다"던 바로 그 동심과 다를 게 없이 주머니 깊숙이 돈을 묻는다. 그건 예삿돈이 아니기 때문이다. 돈이라고 다 같은 돈이던가. 요건 '씨돈'이다. '종자돈'이다.

요걸로 해서 이제 돈은 불어날 것이다. 펑펑 불고 불다가 태산처럼 쌓이다가 사태가 나면 대순가. 그 사태에 쓸려서 죽으면 원도 한도 없을 것 아닌가.

아! 그 아릿한 기억을 어찌할 것인가!

낡은 필통 바닥에 동두렷하니 모셔져 있던 몽당연필 한 자루, 이 한 토막의 아리디아린 기억을 어찌할거나. 고 토막만 버텨주면 잇따라 새 연필들이 줄줄이 나타나 주리라던 그 믿음. 어찌 그뿐인가. 고 씨몽당연필 잘만 간수하면 시험이야 하나도 겁날 것 없었다.

백점이 사태져 내릴 거라고 다짐하던 그 알뜰하던 신심(信心)이 장바닥, 난장바닥에서 늙지도 젊지도 않은 장사꾼에게서 다시금 재현되고 있는 것이다.

마수걸이 돈 한 장, 다만 만원짜리 종이 돈 한 장에 한사코 매달리는 이 민초의 마음, 그건 징크스라기보다 삶의 열정이다.

돈은 그렇게 힘들여서 벌어서는 애써서 간수하는 법이라고 그들은 소리 없이 외친다. 고생하고 이를 앙다문 그 부피를 그 무게를 싣고서야 비로소 돈은 떳떳해진다. 그게 깨끗한 돈이다. 소위 돈세탁이란 이렇게 해야 한다. 돈은 오직 땀으로 씻어야 한다. 그래야 자본주의 사회의 최후의 윤리로 돈은 살아남는다.

돈은 서민들, 민초들, 가난한 사람들의 삶의 불안을 다스릴 가장 믿음성스런 요새(要塞)다. 저 엉망인 우리들 정치도, 저 난장판인 우리들 경제도 대신하지 못한다. 망나니 정치꾼이 그들 요새가 될 수는 없다.

　민초들은 삶의 불안이 클수록 반사적으로 더 큰 삶의 열정을 낳았다. 그것이 다시금 또 징크스, 곧 '속신(俗信)'을 낳았다. 그리하여 난장바닥의 장사꾼은 "땀에 절인 돈 안 벌어본 잡귀 같은 인간들 썩 물러가라." 그렇게 그들은 세 번 침 뱉을 것이다.

5장 | 바위에 새겨진 에로스

벌거벗은 여자
— 포르노와 누드쇼 사이

평지계곡이라고 할 수밖에 없는 지형이다. 그런데도 골은 깊고도 웅숭그리고 있다.

완전히 세상을 등지고 돌아앉아서는 한껏 '딴세상' 차리고 있는 형국이다. 그냥 평지길을 차를 내린 데서부터 반 마장 정도 걸어 들어왔다고는 믿기 어려운 지점, 그런데도 찍어누를 듯이 으르릉대는 기세의 한쪽 비탈의 밑두리를 세찬 개울물이 깊이 파내리면서 내닫고 있다.

다른 한쪽 깃은 높지는 못해도 그냥 저냥 바위낭떠러지의 위엄은 갖출 만큼 갖추고 있는데다 그 아래를 굽이치는 여울 또한 험상궂으니 그 야말로 별유천지비인간(別有天地非人間)격인 별유동학(別有洞壑)이다.

그런 곳에서 한 무리의 여인네가 거리낌 없이 춤추고 있다. 손에 손을 맞잡고는 줄줄이 돌아치고 있다. 갈 데 없는 강강술래다.

워낙 강강술래란 바닷가 펑퍼짐한 언덕에서나 아니면 풀밭에서 휘돌아치기 좋은 춤이다. 하지만 신명이 급시에 뻗치면 굳이 장소에 메일 것 없지 않은가. 골짝이면 어떻고 여울가 돌자갈밭인들 어떠랴.

그저 아무데나 춤판일 수 있다. 그러기에 이 대목까진 크게 별날 것 없다. 깊은 골짝, 여울가의 강강술래, 여인네들의 강강술래는 이상할 것 없다.

하지만, 그들이 하나같이 알몸이라면 어쩌겠는가. 눈이 휘둥그래지고 말 것인가? 아니면 못 볼 것을 본 것이 무색해서 줄행랑을 놓을 것인가.

아무려나 천지괴변이 아닐 수 없을 것 같다. 하지만 그 연인네들은 남의 눈 거리낄 게 추호도 없는 듯이 줄줄이 뜀뛰고 솟구치고 한다.

거나하고 질펀한 춤판은 줄잡아서 8천여 년 동안 멎은 적이 없다. 오늘도 변함없이 춤추어 대고 있다. 그건 세계에서도 드물게 사뭇 오래된 춤판이다. 더욱 발가벗은 여인네들의 춤판이다.

그렇다고 해서 누드쇼는 천만 아니다. 벌거벗었을 뿐 주술(呪術)이거나 종교이니, 말하자면 굿판 같은 것이나, 진지할 것이고 더러는 엄숙하기도 할 것이다. 색한(色漢)의 눈으로 볼 일이 아니다. 나체면 단번에 색을 연상하고 성(性)이면 다짜고짜 색에 갖다붙이는 짓 따위는 현대인의 방정떨이일 뿐이다. 성도 문화인 만큼 종교, 정치, 예술 등에 비해서 복잡하기로는 추호도 꿀릴 것이 없다.

더욱 현대인이 그들 짧은 소견으로 해서 영영 놓쳐버린 성이 많음을 어찌하겠는가. 상고대 사람들, 원시인들의 복잡하고 다양한 성 앞에서 현대인은 지극히 단순한 '색맹(色盲)'일 뿐이다. 성을 '색'이라고도 한 것을 연상하시기 바란다.

경남 울산시 울주구 천전리 바위벼랑에 그려진 암벽화. 여성 성기를 강조한 이 암벽화는 여성의 위대한 박력과 생동력을 상징하는 것이다.

이 희한한 춤판은 언양읍에서 그다지 멀지 않은 울주 천전리의 바위 벼랑이다. 흔히들 '울주 천전리 암벽화'라고 부르고 있는 것이 곧 알몸 여인네들의 강강술래 춤판이다.

이곳은 대곡리 암벽화 현장에서 그다지 멀지 않은 곳이다. 천전리 암벽화 앞을 흐르는 여울을 따라, 물길 언덕길을 십 리는 좀 못되게 걸어가면 같은 물줄기 하류에서 대곡리 암벽화를 만나게 된다.

이 일대는 경관이 사뭇 빼어난 곳이긴 하지만 그걸로 알몸사내 암벽화와 알몸여인네 암벽화가 십 리 못 되는 상거를 두고 강줄기 위아래로 마주보다시피 버티고 있는 이유를 설명할 수는 없다. 왜 그 같이 계곡 상하에서 '남녀의 성 다툼'을 벌이고 있는 것 같은 인상을 풍기고 있는지를 말할 수는 없다.

남녀의 성 다툼은 인류의 영원한 대전(大戰)이다. 거의 절대로 승부가 판가름날 것이 같지 않는 엎치락뒤치락이다. 소설가들이 즐겨서 남녀간의 사랑의 극치인 듯이 묘사해 보이고 있는 성애(性愛)조차도 음성적인 전쟁이 아니라고 단언하긴 어렵다.

정신분석학자인 게자 로하임의 보고에 의하면 오스트레일리아의 한 원주민은 남녀 사이에서 다음과 같은 응수를 주고받는다고 한다.

    남자 : 내가 창으로 옥발질러 너를 퉁퉁 불려놓을 테다.
    여자 : 내가 너를 삼켰다 뱉으면 넌 죽고 말걸.

이건 영낙없이 사냥꾼과 구렁이의 싸움이다.

하지만 보기를 구태여 남의 나라에서 빌려올 것은 없다. 왜냐하면 『삼국유사』에 실린 저 유명한 선덕여왕의 '지기삼사(知其三事)'는 호주 원주민의 보기를 오히려 뺨치고 있기 때문이다.

여왕이 이 여근곡에 숨어든 백제군은 필시 여근(女根), 곧 여성의 '바기나' 속에 들어간 남근(男根)이듯이 패망할 것이라고 예언한 것을 보면 남녀의 성애가 죽고 살고 하는 결전(決戰)에 견주어지곤 했음을 쉬 이해할 수 있게 된다.

과히 멀지 않은 골짝 위아래로 알몸의 남녀가 그것도 그들 성을 드러내놓고 맞버티고 있다는 것은 굉장한 일이다. 희랍신화의 하늘의 남신 우라노스와 대지의 여신 가이아가 맞겨루는 것이 절로 연상될 정도다. 벼락 천둥 번개에다 폭우까지 해서 천지간이 삽시간에 박살이 날 것 같다. 이건 우주적인 규모의 성의 결전이다.

한데 천전리 여성과 대곡리 남성의 맞겨룸은 이미 승패가 갈려져 있는지도 모를 일이다. 왜냐하면 천전리 여성들은 우선 무리져 있고 거기다 군무(群舞)하고 있기 때문이다. 혼자서 달랑하니 서 있기만 하는 사내가 당할 것 같지 않다.

뿐만 아니다. 대곡리 남성의 성은 몸통 한쪽에 붙어 있지만 천전리 여성들의 성은 오직 성만이 독립해서 그려져 있기 때문이기도 하다. 옷만을 벗어던진 게 아니다. 아예 부질없는 살덩이 자체도 내팽개치고 없다. 오직 오뚜막하게 여성의 성 '바기나'라고 일컬어져 있는 그 국부(局部)만이 강조되어 있다. 가령 누드쇼라고 쳐도 세상에 이런 따위는 없다.

이 무리진, 줄줄이 엮어져 있는 바기나들은 대체로 다이아몬드형이거나 아니면 타원형이다. 그 중에는 두겹줄로 또는 세겹줄로 묘사된 것도 포함되어 있거니와 더러는 비교적 타원형 내지는 달걀모양에 가까운 다이아몬드 도형(세 겹으로 된) 가운데 중심부에 동그만 점이 찍힌 것도 보이고 있다.

세계 여러 곳의 석기시대 암각화로 미루자면, 하부에 균열이 새겨져 있는 거꾸로 선 삼각형을 비롯해서 가운데 세로로 줄이 그어진 방패형, 그리고 다이아몬드형 및 달걀형 등은 가령 선사고고학자인 르루와 구우랑의 해석을 좇아서 추상적으로 도형화된 여성상징으로 해석될 수 있다.

동심원, 중복나선형, 그리고 물결무늬, 그리고 뱀이며 물고기들과 이웃하고 있는 만큼 천전리 여성의 성상징은 위대한 박력, 생동력에 넘쳐 있다. '바기나'의 강강술래가 휘돌아치며 돌아가고 있는 지척에는 동심원과 나선형이 그려져 있다. 소용돌이, 화방수, 회돌이 또는 회오리는 폭발하는 생명력의 상징이다. 이 상징이 바기나의 강강술래와 짝짝꿍이 되면 온 천하는, 온 우주는 오직 '여성의 힘'만으로 넘쳐나게 된다.

천전리의 암벽화, 그것은 또 다른 이 땅 여성들의 여성다움, 이제 추억으로 그칠 법도 한 여성다움의 원형이다.

그네 타는 오르가즘
— 풍속도의 진실

비록 극단적으로 쾌락원리에 묶어서 성을 생각한다고 해도 만약에 남녀의 짝짓기만을 고집한다면 그건 성급하다. 그런 사고방식은 성에 대한 지적(知的)인 조루증을 면키 어렵다. 성은 생각보단 훨씬 다양한 감각, 정서 등에 걸려 있다. 아니 다양한 정신에 걸려 있다고 해도 역시 성은 폴리포니, 곧 다성(多性)의 교향악 같은 것이다. 미각이 아무리 설쳐대도 성각(性覺)이며 성감에는 주눅이 들게 마련이다.

성은 감성은 물론 지성이나 심지어 이성에까지도 자극을 미친다. 이들 여러 인간 정신의 작용을 알맞게 자극하고 충돌질한다. 그리하여 이들에게 관능적인 생기를 불어넣는다. 영웅만 호색하는 게 아니다. 문화가 아예 호색한다. 인간 지성이 다람쥐처럼 민첩하게 돌아칠 희극정신의 극치인 해학이 성에 탐닉하는 것만 보아도 알 일이다.

조선조의 대표적 풍속화가라고 칭송되고 있는 혜원 신윤복은 이 방면

조선시대 풍속화가 혜원 신윤복의 대표작인 「물놀이터」. 이 작품은 초여름 단오날 물놀이 나온 여인네의 모습을 당시로서는 파격적으로 묘사하고 있다. 특히 이 그림에 등장한 성의 현장은 규범에 멍들고 체면에 골병이 든 음흉한 정경이 아니라, 내놓아서 더욱 청정한 성의 건강함을 해학적으로 풀이하고 있다.

에서도 날렵하고 기민하기 이를 데 없다. 그럴 때 혜원은 인간지능계수에는 천장이 없음을 실감나게 실증해 보인다. 그의 성화(性畵)를 당대의 '포르노그라피'라고 불렀다고 해서 양기가 죽을 혜원이 아니다.

그의 화판에서 성은 풍류고 서정이고 무엇보다 해학이다. 그에게 있어서 성은 인간자유의 대명사에 불과하다.

성을 억압하거나 규탄함으로써 오히려 성에 매인 성의 노예를 혜원은 푼수로 알 것이다. 그의 붓은 그의 팔루스, 곧 그의 성기라고 해도 무방하다.

자, 이쯤 해두고 이론에 치우친 사설은 접어두자. 해서 직접 혜원의 '성의 현장'을 들여다 보기로 하자. 그렇다고 그림 속의 까까머리 은근짜들처럼 몰래 들여다 볼 것은 없다. 환하고 밝게 관조라도 하듯 바라보기로 하자. 아예 그림 자체가 단오날 명절 분위기로 넉넉하고 또 명랑하기 때문이다. 요컨대 잔치판 즐기듯 이 성의 현장을 지켜보면 된다.

전체적으로 보아서 혜원은 불과 여덟 명의 여자를 그리면서도 여성의 만화경을 펼쳐놓았다. 여성 포즈 백과사전을 화판에다 옮겨놓았다.

일하고 있는 여자와 쉬고 있는 여자, 먹감는 여자와 옷 입은 여자, 엉거주춤한 여자와 쪼그린 여자, 기대어 앉은 여자와 퍼더버리고 앉은 여자, 그네 타고 일어서는 여자와 걷는 여자, 요사를 떠는 여자와 멀건히 명상에 잠긴 여자 등등 필경 남성 욕망의 대상인 여성의 다양한 포즈를 바라보면서 우리들은 혜원의 색골다움이 얼마나 탐미적이고 또 탐구적이었는가를 놓치지 말아야 한다. 이 지경에 이르지 못할 바에 어느 누구도 색골로 자처해서는 안 된다. 색골은 결코 남녀 살섞기만을 능사로 삼는 전문가가 아니다. 우리들은 씨돼지 보고 아무도 색골이라고 부르지는 않는다.

깊은 산속 석간수의 시냇가라면 은근할 법도 한데 이 그림의 정경은 시원하게 틔어 있다. 어떻든 웃통 벗어 젖히고 쪼그리고 앉은 세 여자, 그리고 당대로서는 초비키니 스타일로 물속에 서 있는 한 개성 있는 여자, 이들 유사누드만 가지고 에로스를 말한다면 이미 저능도 이만저만한 저능이 아님을 드러내고 만다.

세미 누드(반 누드) 바로 맞은편, 나무등걸에 기대앉은 옷 입은 여인

바위에 새겨진 에로스　165

네를 두고도 에로스를 말할 수 있어야 한다. 그만한 투시력이 없으면 그 아말로 '성맹(性盲)'과 같은 뜻의 '색맹(色盲)'이 아닐 수 없다.

먹구렁이 같은 사뭇 긴 다리머리를 내리고는 퍼더버리고 앉은 여자, 그리고 그 곁에 얹은머리로 반쯤 휘어진 여자, 이들은 막 멱감은 여운을 풍기고 있는 만큼 그 미태가 눈부시다. 길게 늘어진 타원형의 다리로는 몇 남자를 포박하고도 남았을 것이다.

옷 입은 여자의 색이 벗은 여자의 그것보다 뒤지지 않음을 혜원은 이 대목에서 십분 강조하고 있다. 벗기는 것이, 벗겨서 비로소 색에 취함이 초심자의 서툰짓임을 강조하고 있다면 말이 좀 지나친 것일까.

하기에 혜원이 또 다른 옷 입은 여자를 화폭 한복판 중심부에 자리잡게 한 것은 우연한 일이 아니다. 조선조가 기준이라면 포르노그라피가 되고도 남을 이 그림의 포르노성은 바로 이 여자에 걸려 있다.

이 여인의 옷치장은 단연 그 색에 있어서도 남을 압도하고 있다. 황의 적상, 곧 노랑 저고리, 붉은 치마부터가 이미 진하디진한 '색'이다. 거기다 이 여자는 왼발은 그네판에 올려놓고 바른발은 대지를 박차고 있다.

무릎이 극단적으로 꺾인 채, 치켜올려진 왼발과 수직으로 내질러진 바른발은 어울려서 스타트 라인에서 포즈를 취하고 있는 단거리경주 선수를 연상시키기에 족하다.

바야흐로 돌진함으로써 솟구쳐 날려 하고 있는 한 마리 물찬 제비다. 그넷줄을 휘어잡은 두 팔조차 춤추는 새의 날갯죽지를 닮았다. 이 경우 날려 하는 것이 여성적 성감의 절정, 이를테면 '오거즘'의 예비동작임에 대해서 유념해두는 게 좋을 것 같다.

우리네 옛 무당들 가운데는 그네를 타면서 신바람을 피운 여성무당이 있었다. '이크스타시'라거나 영적인 황홀경이라고 하는 신명을 그네로 해서 우리네 무당들은 피워댔으니, '오거즘', 곧 에로스의 절정이 같은 이크스타시라는 낱말로도 표현되고 있음에 관심이 안 쏠아질 수 없다.

그런가 하면 희랍의 무녀들 또한 그네타기로 신지핌의(신들림의) 황홀경을 일궈내었음도 관심거리가 되기 넉넉하다. 종교적 신비체험의 절정과 에로스의 절정이 그네판 위에서 하나로 날고 또 솟구친 것이다. '날아갈 듯한 기분'은 포르노그라피에서 자주 쓰이는 단골 표현의 하나다.

그네라는 여성은 바야흐로 그 온몸이 '바기나', 곧 여성성기다. 그것도 참 절묘하게 나는 성기다.

한데 여기서 그네가 매달린 나무 밑동의 세부묘사에 주목해야 한다. 앞면 전체가 반들반들 일부러 깎아놓은 듯하고 그 중앙에는 움푹 움푹 팬 제법 긴 홈이 나 있지 않은가. 여성 바기나, 곧 비너스의 계곡을 닮았다면 어떨까.

그것을 달리 말한다면 이렇게 된다. 무릎 꺾어서 세워진 왼발과 내리질러진 바른발이 갈라지는 바로 그 지점, 그러니까 그림으로 보아서 곱게 당혜(신)가 신긴 왼발이 일부러 가리고 있는 듯이 보일 수도 있는 바로 그 지점, 속옷에 가려져 아니 보이는 그 부분을 가령 레이저 빔 따위로 투시한다고 치면 나타나 보일 어떤 형상이 고목 나무 밑동에 옮겨 그려져 있다고 해도 좋다. 바기나를 나무등걸에 옮겨서 그렸으니, 그 간드러진 간접묘사, 그리고 얄궂은 우원법은 과시 혜원이로고…… 라고 찬

탄케 한다.

　속은 이렇게 낭자하고 질퍽한데도 그림 밝기는, 그 환하기는 또 무엇이란 말인가. 구김도 없고 주름진 데도 없다. 천의무봉이다. 허허롭도록 자유롭다. 풀소리 시리고 바람소리 정갈하듯 성 또한 청정한 웃음을 머금게 하였으니 다시 한 번 더 '과시, 혜원이로고!'.

　돈에 찌들고 규범에 멍들고 구속에 야위고 그리고 죄에 골병이 든 에로스, 겨우 그런 것만 누리고 있는 우리들이야 필경, 이 아름다운 정경을 몰래 훔쳐보고 있는 두 녀석의 까까머리처럼 음흉, 음탕할 수밖에 없을지니, 이를 어찌할거나.

알몸의 사내들
— 숫사람과 수컷 사이

깎아지른 듯 솟은 바위벼랑에 알몸의 사내가 버티고 섰다. 실오라기 하나 걸친 게 없는 이 벌거숭이는 그의 '어른 고추'를 내두르고 있다. 절벽도 서고 사내도 서고 그의 고추도 서고 있다. 그러나 막상 가장 우뚝한 것은 감추어져야 마땅한데도 일부러 드러내 놓은 바로 그 물건이다.

벌거숭이는 활연(豁然)한 물살과 그 둘레를 감싸안고 있는 웅숭깊은 동혈(洞穴) 같은 골안을 위압적으로 내려다보고 있다. 사내의 몸의 서 있음과 고추의 서 있음은 '동혈 같은 골안'을 능히 지각하고 있는 듯한 기세다. 특히 골안을 동혈과 같다고 할 때 몸보다는 고추의 서 있음을 더 한층 강조하는 게 좋을 것 같다.

물론 그로 해서 골을 내리누르는 듯한 그의 위세는 고추에 기대는 바 크다고 해야 할 것이다. 사내의 성은 최소한 광활(廣闊)한 골안을 상대로 하고 있는 것일까?

바위에 새겨진 에로스   169

아무려나 이 사내 자신과 사내 상징은 사뭇 당당하다. 그건 시시한 노출광(露出狂)의 수작이 아니다. 부끄러움을 타고 있는 기색은 전혀 없다. 그런가 하면 그가 누드쇼를 하고 있다고 말해서도 안 된다.

그의 고추는 남권(男權) 및 남권적인 의식을 의미할 때 사용되는 낱말인 '팔루스(phallus)' 그 자체다(그러나 팔루스는 필경 페니스와 같은 뜻의 말이다).

내친 김에 주석을 붙이자면 팔루스로 찍어누르는 것은 남권의 힘이거니와 정신분석학자인 게자 로하임의 한 보고는 실제로 오스트레일리아의 일부 원주민은 '찍어누름'이란 말로 남성의 성행위를 나타내고 있다고 장담하고 있다.

누구나 알다시피 파리의 센강에는 유람선이 떠다닌다. 그걸 밤에 타본 사람들 말에 의하면 배의 서치라이트가 알맞게 어느 언덕을 비추는 것에 맞추어서는 느닷없이 일어서서 팔루스를 불쑥 내밀고 이어서 벌거숭이 춤을 추어대는 괴한이 있다고 한다.

여러 차례 현지여행을 간 필자는 단 한 번도 그 배를 타본 적이 없어서 장담할 일이 못 되지만 그 사내는 '리도쇼' 따위에 절망한 나머지 혼자서 해프닝을 벌이고 있을 것 같다.

그러나 지금 당장 우리의 화제를 독차지하고 있는 이 절벽 위의 사내는 이와는 다르다.

그는 밤낮 없이 누가 보든 말든 벼랑 위에 서 있다. 하늘과 땅 사이에서 사뭇 우뚝하다. 줄잡아서 청동기(青銅期)로만 쳐도 그는 지금부터 약 8천 년 내지 1만여 년 전 그 까마득한 날부터 줄곧 거기 서 있다. 벼랑도 서고 그도 서고 그의 팔루스도 서고 한 채로······.
　이 희한한 사내, 한국민족사에서 최초의 누디스트 사나이, 최초의 '스트리킹'을 감행한 사나이를 우리들은 울주 대곡리 암벽화에서 만날 수 있다.
　극히 최근에 이 바위벼랑 그림은 국보로 지정되었으니 이제 그는 우리나라 최초의 유형문화재 인간으로 빛나고 있다.
　한데 이 사내는 왜 이러고 서 있는 것일까? 망측하다면 망측할 수도 있는 사내는 어떻게 된 것일까? 입성 사나운 사람이 보면 '수캐 무엇 자랑하는 꼴'이라고 역정을 낼 만도 하데 왜 그런 몰골을 하고 있는 것일까?
　서 있는 낭떠러지 위에 선 사내가 다시금 팔루스를 곧추세우고 있는 연유를 캐는 데는 생물학적 내지 생태학적 관찰과 분석이 필요하다. 그 결과 그는 그의 '서있음'이, 그의 '발기'가 예사롭지 않음을 드러내게 된다.
　그의 발기와 그가 '두발 동물'인 것은 무관할 수 없다. 그가 네발짐승이었다면 그는 결코 그의 발기를 노출하지는 않았을 것이다.
　유인원들은 두 발 서기를 한다.
　이것은 엄청난 유인원의 장점이다. 그로써 그들은 머리를 전후좌우로 돌리면서 사방을 두루 살필 수 있게 되었다. 더불어서 비로소 그들은 멀리 내다볼 수 있는 동물이 되었다. 인간이 미래를 조망하고 미래에 희망을 걸게 된 첫 동기는 여기에 있을 법하다. 그러면서 그들은 손을 쓰게 되었다.

여기까진 암수가 마찬가지다. 그러나 다같이 두발서기를 해도 수컷만이 이득을 보고 반사적으로 암컷이 손해본 것이 있다. 유인원의 암수 구별은 이에서 결정적인 것이 되고 말았다.

수컷의 고추는 두발서기를 하면서 훤히 드러나게 되었다. 거칠 것, 가릴 것 없이 노출되었다.

털 없는 동물인 인간수컷의 경우는 그 노출성이 한결 더 강화되었다.

한데 암컷의 성은 그만 감추어지게 되고 말았다. 두 발로 서기 이전 그러니까 네 발로 기고 있을 당시의 암컷들의 성은 노출되고 수컷의 성이 감추어지던 것과는 사뭇 반대로 달라진 것이다.

그렇다. 바로 이 역전이 일어나면서 수컷의 고추는 팔루스, 곧 권력이 되고 힘이 되었다. 또 자랑거리가 되기도 한 것이다. 어린 손주를 키우는 할머니들이 누구보다도 이 점을 잘 알고 있다. '아이고, 내 고추'라고 하면서 할머니가 따먹곤 하는 그 고추를 생각하면 알 일이다. 남녀성차는 이렇게 해서 생겨났다.

침팬지나 오랑우탄 등속의 유인원들 수컷은 그의 힘을 과시할 경우 그의 성을 팽대시킨다.

그게 상대에 대한 위협이 되고 선제공격이 된다. 두 발로 일어서게 되면서 그들은 이 같은 특권을 누리게 된 것이다.

유인원 수컷의 성은 이래서 무기가 된다. 그러나 네발짐승 수컷은 이럴 수가 없다. 그들의 성은 뒷다리 아래 사이로 가려지게 마련이다.

그러니 네발짐승 수컷들은 사자같이 머리가 거대해지거나 아니면 사슴처럼 우람한 뿔을 머리에 얹거나 해야 했다. 하지만 암컷의 성은 뒷다리 사이에 묻히지 않고 드러나 있으니 달리 암컷들은 그들 성을 과장할 필요가 없다.

두 발과 네 발 차이는 이같이 어마어마하다.

인간이란 두발동물로 이에서 예외가 될 수 없다.

오스트레일리아의 일부 원주민들의 경우, 성년식에 임하는 소년들은 고추 접촉식을 치른다. 사내가 되기 직전의 소년들이 서로 고추들을 맞대며 비벼대는 희한한 식이다. 그 사이 서로 품평회를 하면서 크기 자랑, 모양 자랑들을 한다. 그와 동시에 고추 아랫부분을 절개하는 수술을 하게도 되는데, 이는 고추를 타고난 이상으로 키우는 것에 그 목적의 하나가 있다.

그렇다. 대곡리 암각화의 알몸 사내는 인간수컷의 으뜸으로 사뭇 당당하다. 그는 이 땅의 최초의 대장부다.

그것은 부도덕과 죄에, 그리고 규범에 휘말리기 이전, 돈과 쾌락에 얽히기 이전, 소연무구했던 성의 모습이다.

땅과의 사정(射精)
— 창과 씨앗의 사이

　우리들은 대곡리 암벽화에 그려진 알몸의 사내를 '고추 자랑하는 수 컷'으로 이야기했다. 이 정도의 평가만 가지고도 그는 매우 흡족해 할 것이 틀림없다. "제법들, 알아주는군……." 이렇게 말하면서 그는 어깨 를 우쭐할 것이다. 그리고 노출된 그 부분도 새삼 곧추 세울 것이다. 그 는 태양과 음악의 신 아폴로가 한편으로는 기둥의 신이고 그래서 남근 (男根)의 신이었음을 추호도 부러워하지 않을 것이다.
　그러나 대곡리 암벽화 알몸사내는 남근신에 비견될 만한 속성을 갖추 고 있었다고 말해서는 안 된다.
　왜냐하면 그 둘레에는 동물들이 버글대고 있기 때문이다. 그의 지척 에는 무엇보다도 몇 마리 자라(거북)가 이웃해 있다. 그 대목은 왜 남성 의 성기 머리부분이 '귀두(龜頭)'라고 일컬어지게 되었는가에 대해서 말하고 있음직하지만 물론 이야기는 이에 그칠 수 없다. 자라말고도 고

'알몸의 사내'가 그려져 있는 대곡리 암벽화 전경. 그 사내의 성의 돌기는 남성의 성이 대지를 기름지게 하고 식물을 움돋게 하고 짐승의 생식을 독촉하는 일을 한다는 것, 즉 '남성의 성=우주적 씨앗'이란 사실을 강조하기 위한 것이다.

래, 호랑이, 사슴, 늑대 등으로 보이는 짐승이 무수하게 그 사내와 함께 있기 때문이다. 그러므로 우리들은 이 사내를 자칫하다가는 한국판 타잔쯤으로 오해할 수도 있게 되어 있다.

  그러나 그가 타잔이 아니란 것이 분명하기에 우리들은 화제를 돌려야 한다. 한 사내가 알몸으로, 하고많은 종류의 많은 수의 동물들 가운데 남성의 성을 자랑스럽게 노출시키고 있는 것은 도대체 무엇이냐고 우리는 고쳐 물어야 한다. 그의 알몸의 성의 돌기(突起)가 짐승들과 관계되어 있으리란 것은 의심할 여지 없기 때문이다.

바위에 새겨진 에로스   175

좀더 구체적으로는 동물의 번식, 동물의 사냥 등과 관련되어 있을 것이므로 우리들은 이 사내가 그려진 대곡리 암벽화가 이 땅에 농경(農耕) 문화가 도입되기 이전의 사회, 그러니까 동물 수렵 및 사육문화가 보편적이던 당시 사회를 회고하고 있으리란 추정을 내리기는 어렵지 않다. 이 말은 이 사내를 말하면서 우리들이 한국의 역사 이전 시기의 상고대적인 문화에 대해서, 그리고 그에 속한 인간의 사고방식에 대해서 말하게 될 것임을 시사하게 된다.

그러나 사내의 남성 상징이 아무리 동물들 한가운데서 돌기해 있다고 해도 그걸로는 토끼 한 마리 잡기 어려우리란 것이 명백한 이상, 문제가 쉽게 풀어질 것 같지 않다. 하지만 사내의 남성이 짐승무리 속에서 우뚝하다는 사실을 모른 척 할 수도 없다.

이 난관 앞에서 생각나는 동화 한 편이 있다. 다름 아니고 암사슴 쫓다가 신부 얻게 되는 이야기 바로 그것이다. 한 소년사냥꾼이 산에서 암사슴 한 마리를 뒤쫓게 된다. 창을 꼬나들거나 아니면 활을 겨눈 소년은 한참을 추적한다. 그러다가 드디어 암사슴이 잡히고 말듯한 결정적인 순간에 문득 짐승은 아리따운 처녀로 변신한다. 그 결과 소년사냥꾼은 뜻밖에 신부를 얻어서 집으로 돌아온다.

이건 워낙 유명한 이야기다. 그 분포 또한 거의 범세계적이다. 이 이야기를 잘 살펴보면 다음과 같음 몇 가지 사실을 알게 된다. 첫째, 암사슴과 처녀가 동격이란 점이다. 둘째, 창 내지 화살과 소년의 성이 동격이란 점이다. 요컨대 소년사냥꾼은 창이나 활로 암사슴을 잡을 수 있듯이 그의 성으로 처녀를 얻을 수 있었던 것이다. 소년의 성이 창이나 화살에 견주어진 것은 분명하다. 이 대목에서 새삼스레 프로이트의 이론을 인용할 것까지는 없다.

적어도 수렵사회라면, 미성년들의 성년식 절차의 끝에서 소년이 이 사냥꾼 자리격을 얻게 되는 것과 신랑자력을 얻게 되는 것은 동시에 성취된다.

표현이 좀 나쁘지만, '짐승 얻은 것'과 '아내 얻은 것'은 같은 연속선상에서 이루어지는 것이다.

그 아주 좋은 보기를 우리들은 고구려의 '온달전설'에서 쉬 찾게 된다. 익히 알려져 있다시피, 온달은 뜻하지 않게 스스로 찾아든 평강 공주를 아내로 맞게 되지만 그 사실혼(事實婚)이 곧 처가의 승인을 얻어낸 것은 아니다. 평강은 그 아버지의 반대를 무릅쓰고 온달을 만나러 왔던 것이다. 혼례절차, 즉 사실혼에서 합법혼(合法婚)에 이르는 전체 혼례절차 중의, 전반부 절반만 겨우 마친 온달은 고구려의 국가적 규모의 사냥대회에서 출중한 두각을 나타내었고 그 결과 겨우 처가의 승인을 얻어서 그의 혼례를 합법화할 수 있었다. '신랑 되기'와 훌륭한 '사냥꾼 되기'가 동일 연속선상에서 성취되고 있다.

온달에게서도 창이나 활쏘기는 그의 남성의 '성쓰기'와 다를 바 없다. 창은 그의 성이고 그의 성은 그의 창이다. 온달의 성도 역시 짐승무리 속에 에워싸여져 있다. 대곡리 암벽화 사내의 성과 마찬가지다. 이 사내는 그의 알몸에 창을 달고 낭떠러지 위에 우뚝 서 있다.

희랍의 아테네 성년식은 '에페베이아'라고 일컬어져 있었거니와 이에 참여하는 미성년들은(우리로 치면 화랑도와 같은), 곧 에페베들은 검은 옷을 걸치고는 사냥을 하는 과정을 거쳐야만 했다. 그래야만 그에게 아내를 얻는 자격이 주어진 것이다. 이러한 일련의 과정은 결국은 아테네가 요구하는 강한 무사(武士)로 소년들을 길러내는 데 목적이 있었던 것이지만, 무사 되기와 사냥꾼 되기와 그리고 신랑 되기가 서로 맞물리고 있었던 것이다. 아테네의 소년들도 그들 육신에 창을 달고 있어야 했다.

그러나 짐승 잡는 일은 짐승번식을 그 짝으로 더불고 있어야 한다. 번식시키는 것만큼 잡게 되고 잡는 만큼 번식시켜야 한다. 이 경우 번식이란 구태여 사육만을 한정해서 의미하고 있는 것은 아니다.

그렇다면 대곡리 알몸사내의 성은 창이면서 동시에 '씨'라야 한다. 아니면 적어도 '씨앗뿌리개'라야 한다. 한국인에게 남성의 성이 '파종(播種)'이란 관념은 매우 친숙하다.

인류학적인 원형(原型) 관념이 보여주고 있는 바로는 남성의 씨앗은 인간만을 위한 인간 종자는 아니다. 그것은 대지를 기름지게 하면서 식물이 움돋게 하는 씨앗이고 짐승의 생식을 독촉하는 씨앗이기도 하였다. 여기서 우리들은 쉽게 '우주적 씨앗'이란 남성의 성의 원형적 자질을 유추해 낼 수 있다.

대곡리 암벽화는 그래서 서 있는 낭떠러지 위에 한 사내를 알몸으로 서게 하고 또 그의 성도 서게 한 것이다.

춤추는 달
— 여성성과 우주

한가위면 남녘 바닷가 마을에선 춤을 춘다. 교교한 달빛 아래서…….

은은하게 달빛이 서린 바닷가의 넓은 풀밭, 흰 빛이 승한 옷차림의 여인네들이 무리지어 손에 손잡고 경중경중 뜀춤을 추면 가령 초원에서 흰 나리꽃들이 바람에 흐드러지게 설렌다고 해도 설마 이보다 더 아름다울까! '강강술래', 사람들은 한가위 달빛에 눈이 부셔서 무슨 환상을 본 것일까.

진양조에서 자진모리 거쳐서 휘몰이 장단으로 치솟다가는 다시금 진양조를 향해 내리닫는 그 율동으로 해서 우리들은 강강술래를 감히 춤의 산조라고 불러도 무방하다. 한가위 온 밤 내내 무한 반복되는 산조춤이야 말로 강강술래다.

그 율동, 그 박자는 도대체 무엇이란 말인가? 봄에 움터서는 여름 지난 가을의 성숙을 향해 치닫는 푸나무들의 뭇인 계절의 움직임 그 자체이던가, 아니면 아침 여명의 노을빛이 정오의 작열하는 태양빛으로 탈바꿈하는 그 변화이던가.

달리 또 인간사에서 유래를 찾는다면 어떻게 될까? 시퍼런 목숨들의 사랑의 욕망이 이글이글 끓어 넘치기까지의 그 붉디붉은 그 염통의 박동이 한가위의 달춤, 산조의 춤, 강강술래에는 서려 있는 것일까.

아무려나, 치솟다가는 내리닫고, 다시금 또 솟구치고 하는 율동은 대자연과 인간사 모든 것의 생의 움직임이다. 천천히 익어가되 결국엔 뜨겁게, 호되게 익어가는 게 삶이기를, 삶의 소망이기를 축수했던 사람들의 예술혼이 빚은 장단이 다름 아닌 산조다. 천천히, 아주 천천히 허공중천을 선회하던 그 자세로, 활강(滑降)하던 매가 조금씩 조금씩 눈에 띄게 재개 날갯짓을 하는가 싶은 바로 그 찰나, 목적물을 향해서 번개처럼 내리꽂히는 그 간의 매의 일련의 움직임, 그런 것이 이내 생의 목적을 향한 움직임이기를 소망했던 사람들의 뮤즈가 곧 산조다. 강강술래의 산조장단은 무엇보다 이 같은 예술정신의 무브망(움직임) 그 자체다.

추석, 한가위면 성숙과 수확의 절정기다. 생명의 농익음이, 생산의 풍요함이 이보다 더한 철은 없다. 이 한때 춤을 추자면 달춤 아니고 배기겠는가. 산조춤이 아니고 달리 무슨 춤을 추랴. 진양조 자진모리 휘몰이로 잇닿는 춤이 아니면 안 된다.

경중경중의 뜀춤이 마지막 성숙, 최후의 풍요를 다그치는 무서운 격려, 고무, 자극일 줄이야! 인간욕망의 완속(緩速), 인간 욕정의 서급(徐急)의 몸짓일 줄이야!

이제 우리들의 오는 한가위, 휘영청 밝은 달빛 아래, 저 달춤을 추고 보면서 무슨 욕망, 무슨 욕구의 장단에 몸과 넋을 내맡길 것인가. 장단이 이미 대자연과 인간사의 모방인데 이 달춤의 모양새가 자연과 생의 이치를 모른 척 할 턱이 없다. 그것은 어쩌면 장단보다 더한 사연, 내력을 간직하고 있을지도 모를 일이다. 그것도 엄청난 것을……

강강술래의 모양새, 그 추임새는 동그라미가 으뜸이다. 손에 손잡은, 손들의 새날개와도 같은, 그리하여 새의 날개짓 같은 설렘으로도, 앞과 뒤가, 옆과 옆이 어우러져 허리 굴리고 어깨 넘실대는 파도 같은 춤사위로서도 천하일품이다. 그 중간중간 고명처럼 목과 머리사위가 꾸벅대고 또 주억대면, 아! 달리 무슨 말로 이 민속춤의 백미를 두고 찬탄하고 칭송하랴.

하지만 이들 몸부림의 놀림은 동그라미 그리기에 비하면 그래도 약과인 셈이다.

강강술래의 모양새는 무어니무어니 해도 역시 원형을 제일로 쳐야 한다. 강강술래는 무엇보다도 '민속원진(圓陣)춤' 이다. 둥글둥글 휘돌아치는 춤이다. 달빛 아래서 추는 달춤이니 동그라미 그리기는 강강술래의 정해진 숙명 같은 것.

"둥글게 말려들었다가는 어느새, 풀려가고 있다. 길다란 뱀이 기어가듯, 늘어진 'S'자 형을 그리면서 풀려가고 있다. 일러서 '사행선(蛇行線)'이라거나 아니면 '나선형'이라고 불러도 좋을 도형을 그려 나가고 있다.

하다가는 웬걸 잘 뻗은 신작로 같은 직선을 연출하고 있다. 아니, 움직임새가 워낙 날렵하니까. 화살처럼 곧은 선을 그리고 있다고 고쳐 말해야 한다.

그러는가 싶은데 이젠 또 다시 사행선으로 감겨들고 드디어 동그라미로 뭉쳐들고 있다."

직접 눈앞에 보고 있다면 적어도 이만큼은 강강술래의 모양새가 묘사되어야 한다. 그래야만 제대로 눈뜨고 보고 있는 게 된다.

이 풀고 감음은 무엇인가? 풀렸다가는 감겨들고 또 말려드는 것은 도대체 무엇이란 말인가? 풀고 감음은 한국인의 원한의식의 도형일 수 있다. 원한은 맺힌다고 하고, 꼬인다고 했다. 감아드는 덧, 칭칭 말려드는 것이 곧 원한의 맺힘이다. 그러다가 원한에서 놓이면 풀린다고 했다. 한국인은 스스로 삶의 율동이, 그 운행이 맺혔다가는 풀리고 풀렸다가는 맺히는 것이라고 생각했다.

원진춤, 강강술래의 모양새는 일단 '원한의 순환'이란 해석이 가능할 것 같다. 그러나 필자 스스로 이 풀이를 전폭적으로 옳다고 잡아뗄 자신이 없다. 달리 해석의 실마리를 잡아야 하는 다급한 이유는 강강술래는 달춤이라, 그 동그라미가 달의 형상이라서 원한하고만 외곬으로 맺을 수가 없다는 데서 찾아야 한다.

그렇다면 강강술래의 동그라미, 나선형, 직선의 반복은 무엇일까?

그건 달의 차고 기욺, 달의 기울고 참이다. 초승달에서 반달로, 또 역으로, 다시 온달에서 반달로, 그리고 그믐달로 옮아가는 달의 생의 주기가 각각 원, 나선, 그리고 직선의 춤사위로 연행(演行)된 것이다. 왜 그랬을까? 무엇보다 달의 생의 주기가 인간 생의 주기의 으뜸이라고 믿었기 때문이다. 특히 여성의 생의 풍요, 생산의 창조성은 달에게서 주어진다고 믿었기 때문이다. 그래서 이 춤은 압도적으로 여성춤이다.
 그러나, 연사흘 간 사라졌다가 초승달로 태어나서 청년기인 온달을 지나서는 마침내 그믐달로 시진해서는 죽고 마는 게 달이다. 동시에 그 역의 순서를 밟아서 되살아나는 것 또한 달이다. 달은 생사를 무한반복하는 영생체다. 그렇다. 강강술래는 바로 이 영생의 소망을, 재생의 축원을 몸놀림으로 연출한 춤, 종교성 짙은 심미(審美)의 춤, 신비의 달춤이다.

6장 | 귀양가듯 섬에 가면

허민(許民)이란 이름의 백성들
— 고구마굴에 묻힌 것들

땅바라기(欲地)라서 '욕지(欲知)'라고 하였을까.

욕지(欲知)는 바다 끝에 떠 있는 섬, 근해 아닌 원해, 곧 난바다에 떠 있는 섬.

그러나 현지 주민들은 기상예보를 할 때, 욕지를 근해에 껴넣어 주기를 해일처럼 드높이 외치고 있다. 난바다로 훗하니 밀려나 있는 섬이 그나마 뭍으로 근접해 가기를 바라는 것이다. 욕지는 자신이 유적(流謫)에서 놓여서 육지로 귀속되기를 소망하고 있다. 여기에 바로 욕지라는 섬의 좌표, 그리고 주민들의 의식의 현주소가 있다.

그 이름이 '욕지'인 것은 육지에 가깝고자 하는 욕망 때문이었을까.

그 난바다의 섬 욕지로 가는 이른 봄날의 뱃길은 비안개에 묻혀 있었다. 그 안개는 육지에서 멀어져 가고 낯설어져 간 욕지의 얼굴 같은 것일까. 아니면 거기서 두 눈 그득, 아니, 온 마음 가득 눈물 젖지 않고는

석회질의 땅속바위를 뚫어서 만든 고구마굴. 이곳에 고구마를 저장하였지만 일제 치하에서 공출을 면하는 '비밀굴' 노릇을 하기도 했다.

보지 못할 것들의 징조 같은 것이었을까.

섬에서 처음 만난 욕지의 얼굴, 그것도 외지인에게 처음 드러난 얼굴은 '고구마굴'이었다. 주인들이 떠나간 지 오래인 폐옥이 등지고 주저앉은 얕은 언덕의 석회질 바위를 뚫어내었다기보다는 후벼파서 생긴 작은 굴, 허리를 꺾고 두더지 꼴이 되어 기어들어간 좁은 굴은 길이 예닐곱 자 가량에 작은 곁방이 둘 딸려 있었다.

안은 비어 있었다. 짐승굴이었다면 냄새라도 남직한데 그저 텅 빈 공간에 곰팡이 냄새만이 넘실댔다. 아무러나 한때, 그 속에 고구마를 감추었다고 한다. 공출이란 이름의 약탈을 자행하던 일제 관헌의 오소리도 같고 여우도 같은 눈을 피해서 감추듯 고구마를 저장했다고 한다.

섬사람들은 그토록 험하게, 모질게 일제의 착취를 견뎌내었다. 왜구에 시달려서 섬을 비우기 4~5세기 만에 이른바 '허민(許民)'으로 다시

섬으로 돌아든 사람들이 신판 왜구인 일제를 고구마굴로 견뎌낸 것이다. 굴의 맨 안쪽 벽면에 매달려서 옴짝 않는 두 마리 박쥐처럼 질기게 배겨낸 것이다. 밝은 한데 세상 피하고 어둠에 웅숭그리고 살아남기는 사람이나 박쥐나 무엇이 달랐을까.

한데 사람들은 이제 떠나고 없다. 제 나라의 몇 개의 공화국을 거치는 사이, 고구마굴도 더는 피난처가 되지 못했다. 이제 단지 박쥐만 남아서 섬을 떠나갈 때, 왜구 생각을 했을 주인이 돌아오기를 기다리고 있는 것일까.

굴을 나와서 내려다 본 군자포, 언덕을 지금도 '곤비라산' 이라고 부른다. 옛이름이 좌부량포(座富浪浦)였는데, 욕지의 대전주(大錢主)였던 일본인 이름인 '富浦(도미우라)' 에 겹쳐서 '자부포' 로 와전되고, 곤비라산은 그 일본인들이 섬긴 재물의 신, '꼰피리' 가 와전된 것이다.

일제의 잔재는 소궁뎅이에 달라붙은 배설물찌꺼기처럼 남아 있는데 일제를 견뎌낸 고구마굴은 이제 텅 비었다. 그리하여 이제 자부포(自富浦)는 자빈포(自貧浦)가 되어 가고 있다.

빈 집은 욕지 아무데나 지천으로 널브러져 있다. 소라게가 달아난 빈 껍질이 바위 너설에 오금을 박고 있듯이……. 그러기에 보는 이의 넋을 순간으로, 결정적으로 빼앗아 갈 천하의 절경 '동머리' 가 지척에 내려다보이는 연화섬 중턱에서도 빈 집을 만났다.

    끼니를 짓고 싶어요
    이밥이야 어찌 감히
    고구마나 쪄보고 싶어요.

평생에 반 말의 입쌀밥만 먹어도 많이 먹는다고 한 욕지 비탈에 미끌어지듯 자리잡은 고구마밭이 바로 '목숨밭' 이었다.

　그렇게 두런대고 있는 듯한 가마솥이며 절구통이 나동그라져 있는 뜰 한 켠에 정교하게 둘레를 쌓은 우물이 있었다. 석축의 천년성에 에워싸인 듯한 그 옴팡샘에는 욕지기나는 무당개구리떼가 한창 짝짓기를 하고 있었다. 한데 그 우물가 바위 바탕에 장기판이 새겨져 있는 게 아닌가. 이끼 슬어서 푸르죽죽하지만 금자국은 그래도 생생했다.
　가파른 비탈 초승달배미의 밭을 일구고 살면서 그것은 또 무슨 신선 흉내였단 말인가. 하지만 도끼 자루 아닌, 쇠가마솥이 다 삭도록 신선은 돌아오지 않고 다만 지나치던 과객만이 빈 손가락 끝으로 장기판을 짚고 그 위에서 안개의 가녀린 어깨가 흔들리고 있었을 뿐이다.
　천년성 우물은 연화섬 서낭을 '뵙고' 오는 길에서 만났다. 떠나간 사람들이 지악하게 섬겼을 서낭 돌에는 '국태민안' 이라 적혔는데 그 '민안' 은 어느 물살에 휩쓸려서 물귀신이 되었단 말인가. 서낭터는 오히려 만년성으로 남았는데 집과 고구마굴은 폐허가 되었다. 그리곤 일본식 이름은 섬 안 가장 높은 봉우리 위에서 성성하다.

이제 군장패에다 누구를 매달아야 하는가. 그리고 죄상을 털어놓게 해야 하는가.

군장패는 옛 조개무지, 빗살무늬, 선줄무늬로도 모자라서 옹기문까지, 사뭇 줄줄이로 선시대 토기가 수습된 조개무지에 세워진 섬안의 '믿음터' 다. 죄지은 혐의가 짙은 자를 군장패의 '신주목' 에 동여매었다. 그리곤 초달했다. 서낭신에 걸고서야 거짓말을 할 수 없노라고 섬사람들은 믿었다. 그러기에 군장패는 섬안의 법정, 그것도 신성법정이었던 셈이다. 그것은 삼한 시대의 '소도' 가 오늘에 남겨진 모습, 그리고 시베리아 바이칼 호수 안의 작은 바위섬, '무당바위' 의 사촌일지도 모른다.

해서, 오늘날 우리들은 섬사람들로 하여금 실향민이 되게한 죄를 물어서 누군가를 여기 매달아야 한다. 그게 누굴까. 왜구, 일제, 아니면 또 누구?

오랏줄을 받아야 할 사람이 비슷하게 짚여는 오지만 굳이 누구라고 꼬집어 말하지는 말자. 장군패에 내리는 어둠살에 묻어 두기로 하자. 아직은 그 이름이 조개무지에 묻히는 대로 두기로 하자.

포구에 안개가 끼고 비가 쏟아지고 있다. 물살이 사뭇 거칠다. 역사는 오직 풍랑, 사람도 삶도 오직 띠배에 지나지 않았던 섬, 욕지가 난바다 끝에서 어둠에 묻혀 가고 있다.

욕지섬의 군장패와 바이칼호
— 죄는 스스로 밝혀라

이광수는 스스로 외국인에게 읽히고 싶다고 한 유일한 작품, 그리고 묘사가 탁월한 작품이라고 자부한 『유정』의 대단원을 바이칼 호반에서 맺고 있다.

그가 욕지섬의 신성민속법정이던 '군장패'와 맞견주어질 법한 '무당바위'가 바이칼호에 자리잡고 있다고 알면 어떤 반응을 보일까.

바이칼호는 중앙 및 남, 그리고 동 등 세 방위 시베리아를 가름하는 갈림목을 차지하고 있는, 세계에서 가장 물이 깊고 또 차가운 내륙호수다. 시베리아의 파리라고도 일컬어지고 있는 이르쿠츠크 육군병원 공사장과 거기서 직선거리로 불과 십 리 안팎인 말타 유적지에서 발굴된 유물들은 이 일대가 이미 구석기 후기에 인류생활이 영위된 시베리아에서 가장 오래된 문화 유허(遺墟)임에 대해서 증언하고 있거니와 우리 문화의 상고대층을 논란하게 될 때, 비교의 시야를 아주 벗어나기는 어려운 지역이기도 한 것이다.

　그러나 칭기즈칸의 원제국 창건 이전 그러니까 11~13세기 이전에 벌써 이 지역에 정착하기 시작한 인종이 다름 아닌 '최북단 몽고족'이라고 일컬어져 있는 브르야트족임을 생각할 적에 바이칼호가 아웃마을 호수쯤으로 인식됨직도 한 것이다. 실제로 이 호수 연안에서 우리의 서낭터나 무당굿자리와 섬뜩하도록 빼어닮은 장소를 쉽사리 목격하게 된다. 그중 일부는 아예 관광코스에 들어가 있을 정도다. 그렇다면 '시베리아의 군장패', 혹은 '브르야트의 소도'라고나 할 무당바위를 바이칼호에서 발견하게 되는 것은 매우 뜻깊은 일이라고 해야 한다.

　무당바위는 이르쿠츠크를 꿰뚫고 흐르는 앙가라강(원주민들이 '위대한 어머니의 강'이라고 일컫고 있는 예니세이강의 상류)이 비롯하는 언저리 물 속에 자리잡고 있는 수중암이다. 오늘날 관광명소가 되어 있기도 한 이 바위는 로렌스 크레이더의 『몽고—터기계 유목민사회 구조』란 문헌에 올라 있으니 그만하면 학문적인 족보에 어엿하게 실려 있는 셈이다.

　무당바위는 당당한 브르야트의 신성 민속법정이다. 그것도 실질적으로 초심법원과 고등법원을 휘하에 거느리고 있는 지엄한 민속대법원이다. 작은 죄라면 칼, 또는 창 등 무기에 걸어서 무죄를 선서할 수도 있으나, 초심과 재심을 거친 중죄라면 혐의자는 이 성스러운 시련의 바위에 걸어서 그의 결백을 선서하여야 했다.

　한데 이에는 대법원의 바위답게 철저한 전설이 전해져 있다. 인간 법정을 에워싼 가장 비극적인 전설이다.

　가령, 한 브르야트 여인이 부정을 저질렀다는 누명을 썼다고 가정해 보자. 화냥질이라니! 이미 그녀는 참혹한 단죄를 받아야 한다. 가부장제 사회라면 '주홍글씨'와 다를 게 없을 혹독한 겁벌이 으르렁거리게 된 것이다.

그녀는 야밤중에 바다 같은 호수 한복판, 겨우 방석크기만한 바위너설에 내버려진다. 그리곤 도망갈 수 없는 난바다 아닌 난호수의 심연에서 혼자 밤을 세워야 한다. 살을 에는 물너울을 준엄한 논고 삼아서 덮어쓰면서 마지막 심판을 기다려야 한다.

성스럽고도 무서운 호수의 신이 그녀의 무죄선서를 받아들인다면 가상히 여겨서 물밑 수궁으로 데려가서 그의 새로운 시녀로 삼을 것이라고 했다. 그러나 만의 일, 그 선서가 거짓이라면 그녀는 밝은 날까지 그 자리에 그냥 내버려질 것이지만 공동체 장로들이 그냥 두지 않는다고 했다. 육지로 끌려가서 죽음을 당한다고 했다.

해서, 이러나 저러나 부정을 저지른 혐의를 받은 여인은 살아남을 수가 없었다. 평소 낯익은 사람들 손에 죽느니보다는 차라리 무당바위에서 스스로 몸을 던지는 길을 택하도록 강요당한 꼴이다. 그러면 호수의 신이 데려간 것으로 되어서 억울한 누명이나마 벗을 수 있었던 것이다.

인간 성의 역사에서 가장 가혹한 짓은 사랑을 윤리의 사슬로 얽어맨 것이다. 그것이야말로 미셸 푸코도 미처 묘사해 내지 못한 최악의 인간 형옥이고 징벌이다. 인간이란 그토록 미욱하고도 미련하다.

이 같은 화제는 언젠가 따로 다루어질 것이지만 무당바위는 여인의 사랑에 관련된 한, 부분적으로 인간 우둔과 본태적 치매증의 구현이다. 그러나 그것이 민속대법원임을 감안한다면 인간구제를 위한 빛일 수도

욕지섬의 군장패 입구. 돌담안에 서낭나무가 있고 그것이 군장패의 법관격이다.

있게 된다.

혐의자가 스스로 무죄의 적극적 증거를 내보일 수 없을 때, 그가 스스로 무고함을 보일 수 있는 유일한 길, 최후의 항소는 '신 앞의 선서'였던 것이다. 성스러우면서도 지엄한, 그리고 무슨 무소불위의 신령에 걸어서 다짐두는 것만으로도 족히 결백은 입증된다고 옛 사람들은 믿었던 것이다. 그 점에서는 무당바위라는 신성민속법정을 갖춘 브르야트인이나 장군패라는 신성민속법정을 지니고 있었던 욕지사람이나 서로 다를 바 없었던 것이다.

또한 소도를 갖춘 상고대 삼한 사람들도 다를 바 없었다. 소도는 거기 도망해 들어가는 것만으로 면죄부를 얻게 되는 무조건의 성역이라고 보기는 어렵다. 거기서 신에 걸어서 결백 선서를 함으로써 비로소 무죄선고를 받을 수 있는 법정이었다고 보아야 한다.

이에서 우리들은 신령의 거룩함과 인간양심의 맑음이 등가였음에 대해 유념해야 한다. 정화수 한 잔의 맑음에 걸어서 천지신명에 빌 수 있었던 우리 한국인에게 있어서 이 점은 특히 강조되어야 한다. 여기서 서구인이나 일인들의 이 방면 망발을 따져두는 게 좋을 듯하다. 서구인들은 그들의 것은 '양심의 문화'고 동양의 것은 '부끄러움의 문화'라고 했다. 그러면서 동양의 신앙에서는 윤리의식이 결여되어 없는 듯이 시사했다. 일제치하에서 총독부 사업의 일환으로 조사를 한 일인 인류학자들은 한국인의 신령을 말하면서 윤리의식이 없는 신이라고 했다. 아직도 총독부 사업의 이 방면 보고서가 그럴 듯하게 인용되곤 하는 판국에서 이 점은 특히 명심되어야 한다.

남들의 일이라고 해서, 양심을 빼고 부끄러움만을 말한 사람들이야말로 양심도 없고 부끄러움도 없는 사람이다. 사람들이 그 앞에서 감히 그 무고함을 선서한 신령을 두고서 윤리성이 없다고 우긴 사람들이야말로 그 윤리성을 의심받아서 마땅하다.

아스라이, 말타의 구석기 시대 이래로 11세기 초엽의 몽골문화, 그리고 최근에 와서는 이른바, '자유시 참변'을 계기로 시작된 우리 독립군과의 최후의 유대 등에 이르기까지, 켜켜로 한국과 인연을 맺어온 바이칼의 무당바위는 한국인의 종교심성의 핵인 '맑음(청정함)'에 바친 믿음을 구현한 욕지섬의 군장패를 먼 곳에서 아득히 건너다보고 있었던 것이다.

그러기에 우리들로서는 오직 정화수 한 그릇에 걸어서 천지신명, 그리고 일월성신에게 믿음을 바치던 옛 사람의 마음으로 무당바위를 지켜보고 싶다.

그렇다. 욕지의 군장패는 바이칼의 무당바위를 이웃사촌 삼아서 인간양심의 원적지, 정화수로 맑혀진 청정함에 바쳐진 종교심성으로 비로소 가꾸어진 인간양심의 원적지가 어디였던가에 대해서 늠열하게 증언해 주고 있다.

설운장군
— 권력과 민초(民草) 사이에서

 지역사람들이 '사랭이섬'이라고 부르는 사량도(蛇梁島)에 딸린 작은 섬, 수우도(樹牛島)는 여간 수려하지 않다.
 섬의 서남편 암벽들은 바위 조형의 현란한 전시장이다. 바위덩치 전체의 거대한 입체적인 조형미를 바탕으로 삼아, 바람과 물살, 그리고 무한의 시간이 쪼고 다듬고 후비고 새기고 한 극세공(極細工) 앞에서 인간 예술은 오직 숙연하게 고개 숙여야 한다.
 미인박명(美人薄命)이라더니, 이 아름다움을 극한 섬은 사뭇 박명한 영웅전설을 낳았다. 이웃 사랭이섬이 아비와 딸 사이의, 그리고 조금은 멀리 떨어진 매물도가 오랍동생 사이의 사랑의 비극을 전해 주고 있는 것은 그 섬들이 모두 남해안에서 으뜸으로 빼어난 탓이던가.
 아니, 릴케가 '무서운 아름다움'을 노래할 수 있었듯이 인간적인 아름다움의 극점(極點)의 하나는 비극이란 것을 우리들은 여기서 상기할 수 있어야 한다. 우리들의 섬, 수우도와 그 주민들은 누구보다도 이 점을 익히 알고 있는 것이다.

비극은 고귀한 신분이라야 비로소 제대로 겪어낸다고 한 것은 누구이던가? 못난 사람이나 평범한 사람은 그저 조잡한 희극에서나 한 구실 맡을 수 있을 뿐이다.

수우도 마을 뒤편, 얕은 언덕에 위치한 '지령사(至靈祠)'에는 민속영웅 설운 장군(雪雲將軍)이 모셔져 있다.

남해안 일대의 사당에 흔하게 모셔진, 임경업, 최영 등 여러 실존 장군들 사이에서 유일한 전설적 인물로서 설운 장군이 갖춘 비극성은 사뭇 압도적이다. 남해바다에 그가 남긴 영웅적 비극성은 오늘에도 오히려 짙푸르다.

영웅은 그 출생이 우선 험난하다. 그러기에 그 죽음 역시 범상하지 못하다. 영웅은 영광보다는 시련을 타고 난다.

영웅의 삶의 종말은 전적으로 해피엔딩을 무시한다. 실책과 배신에 의한 추방, 좌절, 그리고 참혹한 죽음 등으로 영웅들의 낙조는 찾아든다. 테세우스, 헤라클레스, 펠세우스, 그리고 디오니소스 등등 천하 제일급의 희랍의 영웅들도 이에서 예외일 수가 없거니와 우리들 설운 장군의 낙조(落照)는 이들 못지 않게 암담하고 또 급경사(急傾斜)하고 있다.

'설운'이면 눈구름, 눈보라 휘날리는 구름이니 그 이름부터가 이미 영웅적이다. 낙조가 미처 끼칠 틈도 없이 그와 더불어서 세상은 이내 암흑의 혼돈에 내려앉을 것이기 때문이다.

그는 우선 십이삭동이다. 탄생부터가 범상하지 않다. 태어나면서 그 몸통은 동갑내기보다 서너 배는 더 컸다고 한다. 첫돌 지나자 바다에서 절로 헤엄을 쳤다. 차츰 온몸에 비늘이 돋더니 일곱 살 먹으면서는 옆가슴에 구멍이 뚫리고 물고기처럼 아가미가 생겼다. 그러기에 그의 자맥질은 예사로 너댓새를 넘기곤 했다. 요컨대 그는 인어공주 아닌 인어영웅이다.

그는 그 탁월한 물질로 수우도만이 아니라 이웃 사랭이섬, 욕지, 국도, 남해섬 등에 걸친 남해안 일대에서 구세(救世)의 영웅이 되었다. 해적무리인 왜놈들의 배를 뒤집어 엎기는 식은 죽 먹기였다. 그를 이순신 장군 이전의 민중 수군 절도사라고 못 부를 아무 까닭도 없다.

그는 무력만으로 영웅노릇을 한 게 아니다. 그의 부채전술은 바로 신통술이었기 때문이다.

노략질하려 나타나는 왜선을 파리 쫓듯 산꼭대기에서 부채질로 날려서 내몰았다. 정 악질로 굴면 해저에 처박아버리기 예사였다. 요행히 노략질하고 달아나는 왜선이 있을 때면 물론 놓치지 않았다.

사랭이섬 옥녀봉 정상쯤에서 설운 장군은 거대한 부채로 왜선들을 모조리 되불러 들였다. 결박해서 이끌어들이는 것이나 다를 바 없었다. 그리곤 약탈한 모든 물건을 부려놓게 했다. 만약에 순순히 응하지 않는 배가 있으면 부채로 폭풍을 불러서는 끝내 침몰시키고 말았다.

그러나 끝내 그는 왜적들의 모함에 빠져서 관군에게 쫓기게 된다. 반인간 반물고기라는 것이 그 모함의 내용이었다.

애매하게 쫓기던 그는 관아를 역습해서 관장의 처를 납치해다가 아내로 삼아버린다. 그는 영낙없이 역적이 된 것이다.

그러나, 그게 화근이 될 줄이야. "네년은 오직 한 번, 몸을 허락했다는 이유만으로 영원토록 내게 복수하려 했다." 도스토예프스키가 직접 내뱉은 말이라고 그의 연인, 뽀오리나가 그 일기에 남기고 있는 이 말마따나 설운에게 애기 하나를 낳아준 아내는 지아비에게 참혹한 복수를 하고 말았다. 여인의 배신으로 관군에게 잡힌 설운은 목이 잘려서 무참한 죽음을 당하기 때문이다.

전설은 그뒤부터 다시금 사랭이섬 일대는 왜적들에 의해서 시달리는 '피의 바다'가 되었다고 끝맺음하고 있다.

여기서 우리는 두 가지 물음을 물어야 한다. 하나는 민속영웅의 죽음과 관의 관계가 무엇을 의미하는가 하는 물음이다. 다른 하나는 왜 그가 비극적인 종말을 겪어야 하는가 하는 물음이다.

스스로 왜적을 막지 못한 관(官)은 민초들의 영웅을 참살함으로써 자진해서 왜적의 편을 들다시피 하고 있다. 여기에 바로 민초들이 관을 바라보는 사나운 눈초리가 있다. 민초에게 있어서 관은 도와주기는커녕 쪽박을 깨는 또 다른 폭력이나 다를 바 없다. 차이가 있다면 왜적은 약탈하고 관은 수탈하는 것 그것뿐이다. 이 무서운 항변을 위해서 미역도 같고 파래도 같은 바다의 민초들은 그들 영웅이 죽어야 하는 전설을 창작한 것이다. 아니 왜적과 관은 서로 해일이 되고 폭풍이 되어서는 민초들을 휩쓸었는지도 모른다.

영웅은 초인적 능력으로 머지 않아 카리스마가 된다. 그의 초자연적 힘의 봉사와 그의 열정적인 자기희생이 그로 하여금 민초의 카리스마가 되게 하는 것이지만 과도하게 팽창한 카리스마는 그 자체가 짐이 되고 억압이 되어서 민초들에게 작용한다. 그는 죽어져야 한다.

민초들은 왜적과 관에게 동시에 맞서야 했지만 관과 다를 바 없이 그들 영웅도 견제하여야 했다.

여기에 바로 민초와 그들의 영웅적 카리스마로 군림코자하는 힘 사이의 정치적 역학 관계가 존재하되 그 관계는 오늘날에도 유효하다는 것을 놓치지 말아야 한다. 수우도 바다가 오늘도 짙푸른 것은 바로 그 때문이다.

인간세계의 권력이란 영원히 갈등이고 분쟁이다. 아니, 알륵이며 분쟁 그 자체가 곧 권력이다. 그래서 권력은 언제나 어디서나 민초의 적수였다. '백성을 위하여!'—라는 소리, '국민을 위하여!'—라는 그 소리조차 억압이었던 것이다. 아니 그 빛 좋은 개살구가 바로 독이었던 것이다. 무엇보다 이 점을 수운장군의 비극은 말해 주고 있다.

7장 | 삶만큼 그리운 죽음을 찾아서

삶의 노래
— 소쩍새 울음의 아리랑

> 바다에 두둥실 떠오는 배
> 광복군 싣고서 오시는 배요
> 동실령 고개서 북소리 둥, 나더니
> 한양성 복판에 펄, 태극기 날리네.

아리랑이 광복을 노래한 지 오늘로 꼬박 49년. '민초의 시학'으로 자처하는 글이라서 그날 그 순간을 아리랑 가락으로 돌아보고 싶다.
한데 아리랑은 도대체 우리들에게 어떤 소리, 어떤 노래일까?
먼저 이 물음부터 따져보자.
목숨일랑 태산 같은 짐덩이로 지고 가파르기만 한 세상을 어기적대고 살다 보면, 억새를 부는 바람같이 절로절로 이는 한숨에도 목이 메곤 했다, 해서 한숨바라지 삼아서 목이 틔라고 아리랑을 소리하면 되래 중치가 메었다. 메어도 메어도 예사 멘 게 아니다. 납덩이 윽박질러서 삼킨듯 했다.

'정선의 아우라지 나루, '정선아리랑'의 연원으로 남아 있다.

오만 애간장이 다 녹아서 나는 더운 한숨의 장단 그냥 그대로, 세 마치 장단의 노래토리 삼아서 아리랑을 부를라치면 해묵은 장독밑 젓국처럼 삭아내린 줄로만 알았던 애간장인데도 새삼 칼침이 북박혔다. 박혀도 그냥 박힌 게 아니다. 원수 염통에 내리꽂힌 비수 같은 것이었다.

그렇다. 아리랑은 중치가 메는 소리, 애간장에 칼침 박히는 소리다. 아픔의 막판, 고통의 막장에서 우리들 심신이 삭는 소리, 심신이 타는 소리, 그게 곧 아리랑이다. 그것도 민족사와 인간 삶의 제단에서 심령(心靈)을 사르는 소리다.

그러기에 아리랑은 삶의 고비, 역사의 고개마다 구태여 목청을 돋우어야 했다. 그것은 역사와 인생의 계면조(界面調)로, 때론 진양조로, 때로 휘모리로, 목구멍을 피멍으로 물들이며 부른 노래다.

  아이령(俄夷嶺) 아이령, 아라리령(俄羅理嶺)이요
  아이령 고개로 넘어간다
  넘어가 보아라, 울고가 보아라
  눈물만 하염없이 쏟아진다.

이렇듯이 아리랑은 고비의 노래, 고개의 노래다. 인생과 역사가 고비에 다다르고 전환기에 맞닥뜨리면 아리랑의 계면조는 휘몰이로 내달았다. 그것은 아리랑이 인생과 역사의 극적인 고개마루에서 쏟아진 매운 한숨, 숨결이고자 갈망했기 때문이다.

역사의 고비요 고개라지만 겨레의 기복, 나라의 흥망만한 게 어디 있었으려고. 흙고랑, 밭두렁에서 자라서는 사회와 역사의 난장으로 감연히 뛰어든 아리랑은 이 나라와 겨레의 고비에서 악을 쓰고 나서야 했다.

눈이 올라나, 비가 올라나, 억수장마 질라나
만수산 검은 구름이 막 모여든다.

세상의 끝장 같은 강원도 정선땅을 또 다른 두문동으로 삼은 고려의 유신들이 이울어가던 그네들 왕국의 막판을 이같이 추념하였다고 전해져 있거니와 이로 해서 아리랑 중의 아리랑이라고 칭송되고 있는 '정선 아리랑' 은 비롯한 것이다.
하지만 이 노래가 왜 하필 고려 유민들만의 종말론에 그치고 말 것인가. 만수산을 남산이나 북한산에다 옮겨놓으면 그대로 대한제국의 망국 한을 읊조린 인간소쩍새의 울음이 되기에 족하다.

야월 삼경 저 두견아, 촉국(蜀國) 흥망이 어제 오늘 아니어든
어찌하여 그다지도 슬피우냐.

일제에 노략질당한 조선왕조를 두고 이같이 애원성(哀怨聲)을 낼 때, 고려 유신이 남긴 망국의 시조 몇 수를 아리랑은 되울림하고 있었다.
하지만 아리랑은 땅을 치고 통곡하던 그 손길 그대로 다시금 딛고 일어서야 했다.

쓰라린 가슴을 움켜쥐고 백두산 고개로 넘어간다
감발을 치고서 백두산 넘어 북간도 벌판을 헤맨다.

나라 잃고서 새로운 터전을 찾아 나선 비장함을 소리치던 시김새 그
대로

우리 부모님 날 찾으시거든
광복군 갔다고 말 전해주소.

독립군가를 절규했다.
"할미성 꼭대기 진을 치고 왜병정 오기만 기다린다"라고 의병을 아니면 동학군을 기리던 아리랑이면 당연히 독립군가로 탈바꿈해야 한다.
고려조 이래로 망국이라는 역사의 고비 아니면 고개턱에서 줄줄이 울부짖고 항쟁하던 아리랑이기에 8·15의 조국광복을 어깨춤으로 무동 태운 것은 당연하다.

삼십육 년 간 피지 못한 무궁화꽃이
을유년 파월 십오일에 만발하였네.

하지만 어깨춤이 오래가지는 못했다. 일찍이 "넘어가 보아라. 눈물만 하염없이 쏟아진다"고 예언한 탓일까.
"앞남산 나비는 거미줄이 원수요, 해방된 우리 겨레 삼팔선이 원수로다"라고 피를 토하던 바로 그 목으로 "이북산 '붉은 꽃'은 낙과가 되어라, 우리 한국 무궁화가 갱소생을 하리라"라고 통일을 축수했다.

사발이 깨어지면 동강이 나고
삼팔선 깨어지면 통일이 온다.

이 땅의 하고 많은 민요 가운데서 아리랑은 정말이지 별난 특종이다. 중요한 민족사의 고비며 고개를 돌아가고 회어 넘던 그 오금바금한 발길로 민족사의 변화속을 내달리면서 일관된 '주제사(主題史)'를 엮어낸다. 석 세, 넉 세, 굵은 실로 삼베 짜내고 엮어내던 그 솜씨 그대로……. 나라 망조가 든 대원군의 학정, 뒤이은 대한제국의 멸망, 그리곤 일제의 날강도질, 마침내는 광복과 분단까지, 아리랑은 한시 한 때도 소리를 멈춘 적이 없다. 그것도 한갓 촌부(村婦)와 촌로(村老)의 눈과 마음으로 소리친 것이니, 해서 우리들은 아리랑을 '민초들의 역사의 소리' 혹은 '민초들의 소리의 역사'라고 이름지어야 한다. 이 땅 하고많은 민간전승 가운데서 아직 아리랑만이 '민중사(民衆史)'라는 영예를 누릴 수가 있다.

정선아리랑 노랫말을 새긴 비가 정선읍 비봉산에 세워져 있다.

징용 보국대에 나가길래 생전에는 못 볼줄 알았더니
일천구백사십오년 팔월 십오일 해방되고
일본 가신 님들이 부산항구에 다다르니
집집마다 태극기 달고 만세소리가 진동하네
남의 님은 다 오시는데 우리 님은 소식도 연팽인데
지긋지긋 육이오는 왜 터졌느냐
개만도 못한 김일성이 자칭 천자(天子)하구서
장안 장내 드러누워 횡행천지를 하구나.

충남 서산군 운산면 연미리에서 1987년에 만난 당시 여든여섯의 이황을 할머니는 이같이 '사설 가사체'로 광복 이후의 민족사를 아리랑에 펴 담았다. 해방가를 홍얼대던 이 할머니는 끝내 결말은 이렇게 맺었다.

아리랑 고개는 연마고개
삼팔선 고개는 원수고개.

이 촌로에게 필경 역사란 원수고개요 연마(악마?)고개에 지나지 않았던 것이다.

아무려나, 이 할머니는 아리랑으로 자신의 혜로가, 이를테면 상듯소리로 삼아 이승의 마지막 고개를 넘어갔다. 그렇듯이 영남 아리랑의 명소, 밀양군 감내(감천)의 박삼석 노인 또한 아리랑으로 그의 못다한 원한을 푸념한 '백조의 노래'로 삼았다.

1987년 당시 이미 팔순을 훨씬 넘긴 이 촌로는 광복을 맞고도 일본에서

고려의 유신들이 또 다른 두문동으로 삼은 강원도 정선땅 '칠현비'에는 망국의 한이 절절이 배어 있다.

못 돌아온 그의 막내를 줄곧 기다리면서 살았다. 그의 행보는 오직 부산, 대구 등지로 나가서 사할린으로 끌려간 동포들의 소식을 탐문하는 데만 사용되었을 뿐이라고 했다. 광복을 기다리다, 아들을 기다리다 드디어 노인은 말문을 닫았다. 한데도 그는 야밤중 남 다 자는 어둠 속에서 주먹으로 벽단장을 치면서 오직 외마디 '아리랑', 그 세 후렴만을 소리낸다고 했다.

우연찮게 두 촌로는 '미완의 광복'과 그 미완으로 해서 비롯한 새로운 비극을 아리랑에 담아서 노래했다. 이들 뜻을 오늘 제대로 살피지 못한다면 이제 우리 다들 아리랑으로 민족사의 상둣소리로 삼을 날이 없지도 않으리란 예감이 든다. 아리랑으로 돌아본 광복에 왜 소름치게 될까.

아리랑이여, 부디 우리를 버리고 고개 넘어 가지를 말라.

푸른 눈의 조선인
— 양코우스키와 코리안스키

어느 누가 생지옥을 탈출한 순간, "가자, 그곳으로! 돌아가자, 그곳으로!"라고 소리쳤다면 그를 그 고장, 그곳 사람이 아니라고 할 수 있을까. 단지 그곳이 그의 모국이 아니라는 이유만으로 그를 이방인이라고 부를 수 있을까. 그의 피부색깔이, 눈빛이 다르다고 해서 그를 외국인이라고 할 것인가.

우리들이 땅을 두고도 '낳은 정보다 기른 정'이라고 할 수 있다면 태어난 모국 아닌, 길러진 모국을 말해야 하는 것이니라. 하물며 그 사람은 생지옥에서 갓 벗어난 사람이 아니던가. 그가 재생할 유일한 땅으로 그곳을 고른 게 아닌가.

폴란드계 러시아인, 양코우스키 씨는 그가 시베리아의 강제수용소를 사생결단으로 탈출하였을 때 남녘을 바라보면서 부르짖었다.

"가자, 주을(朱乙)로 돌아가자, 조선땅, 함경도의 주을로!"

청진 가까운 온천지로 유명한 그 주을에는 이미 그의 일가친척은 하나도 남겨져 있지 않았다. 그를 소련 당국에로 넘긴 북한공산당이 그에게 총칼을 들이댈 것은 사뭇 뻔했다.

그 당시 북한은 그의 또 다른 생지옥일 것이 당연했다. 그러기에 그가 주을로 돌아가자고 작심하였을 때 그는 무심코라도 주을에 그의 뼈를 묻고자 하였을 것이다.

주을에 그의 죽음을 맡기고자 한 양코우스키 씨를 끝내 이방인이라고 잡아뗄 수가 있을까.

필자가 눈동자 푸른 이 순수한 '조선사람'을 만난 것은 지난 여름, 모스크바에서 1백여 킬로미터 떨어진 우라디밀시에서였다.

도스토예프스키가 말괄량이 여자대학생 뽀리아나에 홀려서 파리로 줄행랑을 놓았을 때, 병들어 거의 죽어가던 그의 아내를 내팽개친 곳으로 필자 머리에 기억되고 있는 이 시골도시에서 여생을 보내고 있는, 이 눈이 움푹 패고 코가 높고 얼굴이 흰 '토종 주을사람'은 그가 난생 처음 사랑한 함경도 조선처녀 이름을 반세기가 넘게 기억하고 있었다.

"나 오십 년 만에 조선말합니다. 좀 서툴러요."

초대면에 그렇게 말하면서 손을 내민 그의 조선말은 러시아에 살고 있는 우리 동포들 함경도말보다 더 순종스러웠다.

올해로 나이 여든셋, 이 건장한 사나이는 워낙 구라파의 한국이라고 일컬어지기고 하는 폴란드의 귀족집안에서 태어났다. 아주 어릴 때 러시아로 망명한 부모 및 그 가문을 따라서 그는 하바로프스크 근처에서 소년시절을 보내었다.

그의 백부와 아버지는 사슴과 산삼을 기르는 농장을 일구었다. 그곳에는 수다한 한국인 일꾼들이 있었다. 그래서 소년 양코우스키는 자연스레 조선아이들과 어울렸다.

아주 근자에 소련정권이 무너지고 양코우스키 일가가 복권되면서 그들 농장이 있던 주변 일대는 새로운 러시아의 지방정부에 의해서 '양코우스키촌'으로 자랑스럽게 이름붙여졌다. 그만큼 그들 농장은 조선인 인부들과 더불어서 번창했다고 한다. 자연산의 산삼에서 씨를 받아서 장뇌를 길러내는 농법은 그들이 최초로 개발한 것이라고 양코우스키 노인은 자랑했다.

그러나 10월 혁명의 날벼락을 그들은 피해야 했다. 조선인 인부 일부와 함께 나홋카에서 그들은 솔가해서 배를 탔다. 그 집안으로서는 두번째 망명이었다. 청진항을 거쳐서 그들은 백계러시아인으로서 주을에 그들의 떠돌이 뿌리를 새로이 내릴 수 있었다.

정말 기연이라면 기연이다. 폴란드 귀족의 1차 망명의 땅이 하필 두만강을 건너간 조선인들의 정착지 바로 그곳이었다. 이래서 '동구라파의 한국인' 폴란드인과 '아세아의 폴란드인' 한국인이 어울려서 살게된 그 인연이 주을에까지 이어진 것이다.

그들은 주을에서 다시금 농장을 재건했다. 몹시 번창했다. 그들 농장일부에다 웬만한 크기의 가족극장을 세웠을 정도다. 하얼빈 등지에서 백계러시아 가극단이나 발레단을 불러서 공연을 했을 정도다. 그게 주을 일대의 상당한 문화공간이었음을 헤아리기는 어렵지 않다.

그러는 사이 청년이 된 양코우스키 씨는 그의 백부며 친아버지, 그리고 조선인 몇 사람과 어울려서 '불질꾼'이 되었다. 그게 무슨 말이냐고 묻는, 심히 한심한 본토박이 대학 국어선생에게 그는 "그 왜 옛날 화승총(火繩銃)말이요. 총에 불을 놓아서 쏘았으니까, 사냥꾼이 불질꾼이지요." 웃으며 대답했다.

그의 백부는 뒤로도 총을 쏘는 정도라서 '네눈박이'라고 했다. 일가족 '불질꾼'들은 우스리스크며 백두산 일대에서 주로 호랑이 불질을 했다. 그들이 잡아낸 호랑이만 해도 1백여 마리는 될 거라고 양코우스키 씨는 어깨를 으쓱댔다. 이렇게 해서 양코우스키 씨의 토착화는 성공적으로 진척되어 갔다.

그는 조선처녀를 사귀고 조선동무들과 뛰어 놀았다. 썰매타기, 나무팽이치기, 씨름, 하다못해 남의 밭 서리질까지 조선소년으로서 안 해본 일은 없다고 했다.

호사다마(好事多魔)라고 했던가. 역사가 일가족에게 '불질'을 다시금 안겨왔다. 그건 다름 아닌 제2차 대전의 종료였다. 북한을 유린한 소련 붉은군대는 그들을 모조리 강제로 압송해 갔다. 그리곤 일가족은 흩어져서 시베리아의 강제수용소에 처박혀졌다.

스탈린 체제의 상징인 '수용소군도'. 양코우스키 씨는, 그 가슴 뜨거운 호랑이 불질꾼이 가만히 당하고만 있을 턱은 없었다. 드디어 그는 탈출을 시도했다. 가까스로 벗어났을 때 그는 호랑이처럼 포효한 것이다.

"가자! 주을로!"

그러나 마음뿐이었다. 다시 재수감된 그는 소련이 붕괴되기까지 수용소와 그 근린 시베리아에서 유형과 강제노동, 그리고 연금 상태의 징용 등을 겪어야 했다. 해금이 되었을 때 일가 중에서 살아남은 것은 손위 누이뿐이었다. 그녀는 지금 미국으로 가버렸다. 복권된 양코우스키 씨에겐 연금이 주어지고 겨우 우라디밀시 일각에 정착할 수 있었다.

그의 기나긴 파란만장한 자서전이 거의 다 파했을 때 우리는 그의 집 식탁에 둘러앉았다. 우리가 선물로 가지고 간 고추장과 김치가 곁들여진 저녁상은 차림에 비해서 무척 푸근했다.

참, 종이백에 든, 서울서 가지고 간 소주로 입가심한 양코우스키 노인은 흥에 겨웠던지 아리랑을 부르마고 자청했다.

"아리랑, 아리랑, 아라리요. 내 고향 주을로 꿈에서 넘어간다."

아, 그때 우리들 본토박이 일행은 말을 잊었다. 아니, 명치가 메어왔다.

우리들 가운데 아무도 아리랑 부르면서 고향길 꿈에서 넘나든 조선사람은 없었기 때문이다.

비석도 땀 흘리거늘
— 목숨은 곧 땀

　밀양 시가지를 서쪽으로 벗어나서 무안으로 통한 길을 가다가 돌비석을 만난다 치자. 그러면 누구나 사명대사의 유적인 '표충각 땀비석'을 만나게 되리라 기대할 것이다.
　나라에 어려움이 있게 될라치면 이 빗돌은 진땀을 흘린다고 했다. 아니, '진땀을 뺀다'고 했다. 사람으로는 혼이 나는 것이나 진땀 빼는 거나 다를 바 없다. 욕 좀 보면 혼도 나고 진땀도 빼게 마련 아니던가.
　'진땀'의 '진'은 '진똥'의 '진'과는 그 격이 다르다. 진똥이란 게 물똥과 사촌간이란 것만으로도 진땀의 진에 똥물을 묻혀서는 안 된다. 진땀의 진은 '진액'의 '진'이다. 거기다 가령, '진보라' 혹은 '진분홍'이라고 할 때의 '진'을 덧붙여 주면 금상첨화가 될 것이다.
　보라는 보라되 보라보다 더 진한 것, 분홍은 분홍이되 분홍보다 더 진한 것이라야 우리들은 진보라니 진분홍이니 하게 된다. 그냥 짙기만 한

게 아니다. '진수' 요 '진짜' 란 뜻도 이 색채에 담겨 있을 것 같다.

그러기에 진땀은 만만찮은 뜻을 간직하게 된다.

몇 해 전의 '에어컨 난리' 가 보여주듯, 살아가는 동안 죽어도 땀 흘리지 않으려 들 정도가 아니라, 아예 몸에 땀 묻히기를 똥 묻히기보다 더 역겨워하는 시체 사람들로서는, 이를테면 '냉방완비 인간' 내지 '에어컨성 인간' 으로는 알아들을 말이 아니다.

혹 땀을 흘린다고 해도 사우나에서나 기를 쓰면서 인공땀 아니면 억지땀이나 흘리는 게 고작인 '사우나형 인간' 으로서도 이해할 수 있는 말이 아니다.

진땀은 진액의 땀이다. 사람도 여간 진실되지 않고는 '진액' 이란 말 못 듣는 것쯤 모를 사람은 없다. 인간 순종이라야 비로소 진액이란 말을 듣는다. 그런 뜻까지 함께 해서 우리들은 진땀의 올곧은 뜻을 이해할 줄 알아야 한다.

사우나다 한증막이다 해서 일부러 돈을 물 쓰듯 하면서 가짜땀 즐겨 흘리고 있는 사람들, 비싼 돈 들여서는 에어컨 켜고 그래서 진짜땀은 기를 쓰고 흘리려 하지 않는 사람들, 말하자면 '진액인간' 이 못 되는 사람들로서는 진땀의 진짜 뜻을 알아차리기 어렵게 되어 있다.

진액이란 사람, 동물, 그리고 식물 등의 속에서 배어나는 진수의 액이다. 침도 '진' 이라고 한다.

그런가 하면 나무진은 나무의 피나 다를 바 없는 액이다.

뿐만이 아니라 살코기나 쇠뼈 따위를 고고 또 고아서 얻어낸 진수라고 할 만한 국물도 진액이라고들 한다.

사람도 진이 빠지면 죽는다고 했다. 실제로 '진 빠졌다'고 하면 탈진, 생명력의 탈진을 의미한다. 그러기에 진은 기 아니면 기운과도 같은 것이다. 그러기에 당연히 남성의 진액에는 정액이 포함되어야 하는 게 아닌지 모르겠다.

물론 여성에게도 마땅히 진액은 있어야 하고 또 실제로 있는 것이지만 체면상 내놓고 말하지 않는 게 좋을 성 싶다.

그렇다면 '진땀'의 '진'에는 '진분홍'의 '진' 이외에 '진액'의 '진', 그리고 '진 빠지다'의 '진'이 포함될 수 있다.

그러한 진이 포함된 진땀이라면 아무래도 '엑기스'라고 불러도 좋은 것이라 생각된다. 이 묵은 외래어는 물체의 '진수를 뽑아내었다'는 뜻을 담고 있다.

안이함에 길들어서 사는 사람들, 고생이라면 귀신보다 더 무서워하는 사람들, 그래서 몸에 진짜 땀 묻히기를 똥 묻히기만큼 싫어하는 사람들이 무슨 재주로 진액의 진땀을 이해할 수 있을까.

밀양에서 서쪽으로 벗어나서 무안으로 가는 길에서 '진땀비석'을 만난다치면 요즘의 우리들은 정말이지 진땀 아닌 '식은땀'을 흘려야 할 것이다. 부끄러움, 안쓰러움 등이 뒤엉킨 회한으로 그 비석돌 앞에 서야 하기 때문이다.

누구나 알다시피 집을 나온, 시쳇말로 가출한 홍길동은 불한당의 괴수가 된다. 말할 것도 없이, 불한당이란 도적떼다. 한데 '불한당'이란 말을 문자 그대로 풀이하자면 '땀 흘리지 않는 자들'이란 뜻이 된다. 놀랍지 않은가? 땀 흘리지 않는 자야말로 도적놈이란 옛사람의 사상은 실로 놀랍다고 해야 한다.

 가짜땀 흘리기에 길들어서 진짜땀, 곧 진땀 흘리기를 기피하는 우리들은 자칫 앉아서 불한당이 된 게 아닌지 각자 물어볼 일이다.

 진땀이란 혼신의 힘을 들여서 일하는 사람만이 흘릴 수 있는 진짜땀이다. 온몸을 쥐어짠 듯이, 온 정력을 탕진하듯이 일한 끝에 흘리는 비지땀이 아니고서야 진땀이라고는 못한다. 땀받이가 따로 있는 게 아니다. 그것은 결코 여름 옷가지의 이름에 그칠 수 없다.

 애써서 일하는 한, 정성 들여서 일하는 한, 그리하여 진실되게 한 생애를 살고자 드는 한, 사람은 누구나 태어나면서 땀받이가 되게 마련이다.

 그것은 인간 운명과도 같은 것이다. 인간은 워낙 태어나면서 '땀사람'이다.

 괴테는 그의 『파우스트』에서 땀방울을 보고 "그대 지고한 것이여, 영원히 거기 머물라"고 절규하고 있다. 그 땀의 찬미가, 인간 원죄에서의 벗어남을 의미하는 이외에, 산업혁명과 구라파 근대화의 이념을 대변하고 있음을 놓치고 싶지 않다.

 나라가 누란의 위기에 처했을 적에 몸을 던진 사명대사의 비는 그뒤 줄곧 나라가 어려움에 처하려 할 적마다 진땀을 흘렸다고 믿어져 있다. 이 위대한 스님은 그때마다 되살아나서 나라 위해 진땀 흘리기를 갈구한 것이리라.

 그러기에 그의 또 다른 육신인 돌비석이 스스로 땀받이가 된 것이다. 나라의 땀받이가 된 것이다.

 사람들이 그들 삶에서조차 땀 흘리려 들지 않음을 사명대사께서는 내다보고 계심이리라. 우리들 땀 흘리지 않음이 바로 그 나라의 위기임을 내다보고는 그분은 더욱 더 진땀을 흘려야 하는 게 아닐까?

개는 그 땀샘을 퇴화시키면서 혀를 내빼고는 할딱대며 살게 마련되었다.

우리들 삶이 한사코 할딱대는 것은 무슨 까닭일까? 올 여름, 다들 땀 좀 많이 흘려야겠다.

죽어서 새가 되면
— 우주가 그리워서

한반도 북방의 상고시대 원주민들은 죽은 이의 머리에 새 날개깃을 꽂아주었다고 한다. 설마 머리나 시신이 새 되어 날라는 것은 아니었을 것이다. 영혼으로 하여금, 넋으로 하여금, 한 마리 새 되어 날게 하기 위한 꿈을 그들은 간직했던 것이다. 그것을 일러서 '새넋'이라거나 '넋새'라고 못 부를 턱이 없다.

새 되어 나는 넋에 부친 사람들의 꿈, 넋새를 갈망하며 꿈꿀 수 있었던 사람들에게 육신이란 게 새삼 넋을 위한 감옥일 수도, 장애일 수도 있었을 것이다.

하지만 그 허름하고 엉성한 넋집을 잃으면, 넋은 비로소 제 세상 만나서 온 하늘을 집으로 삼아서 날 수 있었을 것이다.

그러기에 넋새는 인류가 자유며 해방에 부쳐서 간직한 최초의 꿈이리라. 사람들은 그들 넋이, 삽상한 골짝 울리면서 가는 여울물 소리이기를 바랐을 것이다. 맑은 가을날, 하늘 일깨울 흰 구름이기를 소망했을 것이다.

또한 이른 봄, 대지를 부풀리는 바람기운이기를 소원하다가 마침내 창공을 가르는 한 마리의 새가 되기를 꿈꾸었을 것이다. '넋새' 혹은 '새넋'은 그 같은 꿈의 구현이다.

죽은 이의 머리에 새 날개깃을 꽂아주었을 때, 한국인은 새 되어서 하늘의 피안세계로 날아오를 넋을 꿈꾼 것이다.

막힐 것 없이, 걸릴 것, 가려질 것 없이 훨훨 날고 또 나는, 오직 한 장의 날개, 그것은 인간 넋이 몽상한 자유의 원형이다. 땅에 발붙여서 끙끙대어야 하는 인간저주는 그때 비로소 바람처럼 사라질 것인가.

머리에 새 날개 꽂은 모양은 아주 드물지는 않다.

경주 천마총의 93호 남분에서는 각기 하나씩 새날개 관식(冠飾)이 발견되었다. 이것은 누가 보아도 독수리 아니면 학의 날개, 활짝 펴진 날개다. 죽은 왕의 머리에 이 새 날개가 얹혔을 때, 바로 그때, 그 넋은, 그 혼은, 황금빛 부시게, 황금소리 쟁쟁하게 푸드득푸드득 활개쳤을 것이다. 그리하여 어느 누구도 그 황금 넋새와 가투다(금시조)를 구별할 수 없었을 것이다. 새날개 관식은 이에 그치지 않고 또 다른 보기들을 남기고 있다. 98호 북분에서 하나, 그리고 98호 남분에서 하나가 각기 발견되고 있는 이외에 이와 비슷한 것을 우리들은 의성 답리에서 발견된 금동관에서도 확인할 수 있다.

그러나 뭐니뭐니해도 왕관의 날개장식으로는 금관총에서 발굴된 금관의 것을 으뜸으로 칠 수가 있을 듯하다. 정면에서 바라볼 때, 이른 바 출(出)자 형 나무문양을 중심으로 삼아서 좌우로 새날개가 치솟은 품은 가히

압권이다. 한두 번 날개짓하는 것만으로도 이미 날아오를 듯한 자세다.

왜 신라의 왕관에는 나무와 사슴뿔을 더불어서 새날개가 얹혀 있는 것일까? 내친김에 왜 서봉총에서 출토된 왕관에는 자그마치 세 마리씩이나 봉황으로 보이는 문양이 치장되어 있을까 하고 덧붙여 물어야 한다.

새 도형

새날개가 순연한 장식이 아닐진대, 그리하여 상징력을 갖추고 있을진대, 그것은 관을 쓴 사람을 새와 동화시키는 구실을 다하고 있을 것이다. 어떤 의미에서나 새 사람이 되게 하고 있을 것이다. 신화는 워낙 주술과 함께 동화(同化)를 위한 비유법에 의지해 있기 마련이다. 새날개를 머리에 쓴 사람은 새와 같아질 수 있는 사람이다.

환웅이나 수로왕과 다를 바 없이 하늘에서 내려와서 지상의 왕이 된 존재가 다름 아닌 혁거세다. '밝거네'란 이름 그대로 세상 밝히는 빛으로 지상에 온 왕이니 당연히 하늘과 땅 사이를 매개하여야 한다. 그는 새처럼 하늘과 땅 사이를 내왕해야 한다. 그는 새넋을 지닌 새사람이다. 왕관의 새날개는 적어도 신라의 왕권 상징의 일부다.

여기서 우리들은 무당(샤먼)의 넋은 새가 되어서 '우주여행(하늘여행)'을 한다는 시베리아 원주민의 샤머니즘적인 이념과 신라적인 새넋의 관념, 특히 왕과 관련된 그 관념을 비교해 볼 수 있게 된다. 이 비교가 수긍될 수 있다고 한다면 신라의 왕권에 개입한 샤머니즘의 이념을 지적해도 좋을 것이다. 그렇다면 온 육신이 아예 새로 둔갑한 사람 그림을 상고대에서 발견한다고 해도 조금도 놀랄 것 없다. 네 활개 활짝 펴고 날고 있는 사람이라면 그야말로 진정한 새사람이요 넋새요 새넋이다.

이 같은 도형을 우리들은 둘씩이나 경주 근린에서 발견하게 된다. 서로 닮은 두 개의 도형 가운데 하나는 울주 대곡리 반구대 암벽화에서 그리고 다른 하나는 안압지 출토 유물에서 역력히 보게 된다. 전자는 선사시대의 것, 그리고 후자가 신라시대의 것임은 말할 나위도 없다.

이 도형에서 각기 팔과 다리 끝의 모양에 유념해야 한다. 그것은 갈퀴 같기도 하고 혹은 부채살 같기도 하다. 어느 쪽으로 보든 간에 바람 일으키며 날개짓하기 좋게 팔다리 끝이 변형되어 있다. 그 자세 그대로 몇 번 활개짓하면 피터팬에게 부친 인간들의 꿈은 라이트 형제를 기다리지 않고도 실현된 것이다.

인간들은 너무나 오랫동안 이 도형을 꿈꾸어 왔다. 오죽하면 걸음걸이가 날렵할 때조차 활개짓한다고 하였을라고.

그러나 새사람을 단순한 꿈의 표현이라고 말해서는 안 된다. 상상을 도형화한 것에 그칠 수도 없다. 거기엔 극히 원초적인 인간 신앙의 알갱이가 맺혀 있기 때문이다. 우리들은 갈퀴 손발을 가진 새사람말고도 몇 가지 다른 모양의 새사람을 시베리아 여러 지역, 예컨대 톰강 및 앙가라강 유역, 그리고 몽골에서도 보게 된다. 왜 신라인들이며 시베리아 원주민들이 새사람을 그려야 했을까?

시베리아의 샤먼들은 이 물음에 대한 해답을 예비하고 있다. 이들은 비행기 출현 이전에 미리 하늘을 난 사람들이고 아폴로 우주선에 앞서서 우주여행을 한 사람들이다.

시베리아 샤먼은 영혼의 우주여행사다. 우주여행하는 엄청난 영혼의 권능을 향유하지 않고는 아무도 샤먼이 될 수 없었고 또 공동체의 통치자도 될 수 없었다.

샤먼은 그들 넋이, 새넋이 자유로이 우주여행할 수 있는 사람으로 믿어졌다. 새가 된 샤먼은 신령과 인간의 소망을 매개하였고 그럼으로써 우주 구석구석 숨겨진 비밀을 꿰뚫어 보는 실체로 믿어졌다. 일부 샤먼이 실제로 완벽한 새 차림으로 굿을 집행한 것은 바로 이 때문이다.

"넋이 (육신을) 빠져나갈 때의 넋새 / 혼이 (육신을) 빠져나갈 때의 혼새"라면서 제주의 무당은 새다림굿을 한다. 여기서도 혼이며 넋은 다름 아닌 새다.

이승의 철새살이를 마치고 저 세상 가는 여정을 끝내었을 때 우리들은, 우리들의 넋은, 넋새는 그 아스라한 피안에서 더는 옮겨다니지 않을 텃새 되어서 무리져 날고 있을 것인가.

이것이 삶의 마무리에 부친 우리들의 꿈이었음을 새다림굿은 간접적으로 암시해 주고 있다.

사춘기 들목에서 인간들은 누구나 거의 밤마다 새 되어 아니면 새이듯이 나는 꿈을 꾼다. 그것은 좌절된 리비도(욕망)의 대리보상에만 그칠 수는 없을 것이다. 삶이 끊임없는 승화의 비상(飛翔)이기를 소망하면서 소년 소녀는 흔하게 밤이면 새 꿈을 꾼다. 그것은 그들이 세계와 인생과 온갖 사물들에 부치는 동경의 높이의 또 다른 표현, 제2차적 표현에 지나지 않는다. 인간 영혼의 영원한 박동 그것은 새의 몫이다.

초분, 그 초라한 무덤
— 초록빛 꽃망울이듯이

 죽음은 삶의 모습이며 의미를 밝히는 빛이다. 누군가의 죽음이 어둠이라면 그것은 그가 삶을 응달로 살았기 때문이다. 죽음 쪽에서 되짚어 보아서 비로소 환히 드러나는 삶의 맵시란 것도 있는 법이다. 사람들이 죽음의 관리에 마음쓰는 것은 바로 이 때문이다.
 인간이 다른 동물과 다른 점은 죽음을 미리 의식하는 존재라는 데에서 찾아진다. 또 무덤을 만들 수 있는 존재라는 데서도 찾아진다. 장례 절차와 무덤의 발생은 인간이 유인원과 갈라져 문화를 가진 동물로 홀로서기하는 중요한 징표다.
 그러기에 무덤은 바로 인간성의 조형 바로 그 자체다. 그로써 사람은 사람다움의 기념비 하나를 세울 수 있었던 것이다. 무덤은 사람다운 삶의 양식의 일부, 중요한 일부다. 죽음으로 비로소 삶의 빛을 눈부시게 한 사람이 있는 것과 같은 이치다. 지나간 독재정권 시대에서 그렇게 한 것처럼 이른바 가정의례 준칙 따위, 무식한 올가미로 장례며 무덤 경영을 옥죄어서는 안 된다.

죽음이 가벼워지고 푸대접을 받으면 삶 또한 개똥상놈이 된다. 각종 재난으로 무더기 죽음이 예사로 널부러지는 것은 영원히 이슬 내리지 않을 개똥밭을 삶이 뒹굴어대기 때문이다. 고층 아파트먼트의 옥상에서 기중기에 매달려서 달랑달랑 여느 이삿짐처럼 지상으

전라남도 고흥군 나로도에 딸린 쑥섬의 방파제 같은 둑길 너머 숲속 초분골에 있는 초분.

로 내려오는 관을 지켜보노라면 우리들 인생 전체가 아예 무더기로 교수형을 당하고 있는 듯이 실감되곤 한다. 그 잔인한 광경은 정말이지 세기말적이거나 아니면 아우슈비츠적이다. 살아 있는 사람들은 자신들의 삶의 꽃밭을 위해서 죽음의 밭에 씨를 뿌리고 물을 주어야 한다. 죽음과 무덤을 그런 마음가짐으로 경영하고 또 관리해야 한다.

온 인류 세상, 하고많은 무덤들 가운데서 한국인의 무덤은 그 모양새가 단연 돋보이고 있다. 만약, 무덤조형전(造形展)을 주제로 한 범세계

적인 비엔나레라도 열린다 치면 우리의 봉분은 단연 그랑프리를 거머쥘 게 틀림없다. 적수가 있다면 이집트의 피라미드 정도가 아닐까.

띠가 잘 입혀진 봉긋한 봉분은 바야흐로 피어날 기세의 꽃망울이다. 영낙없는 타원형의 초록빛 꽃망울이다. 봉분을 그 머리에서부터 포근히 감싸안고 있는 듯한 형국의, 담도 같고 원장도 같은 큰 'ㅅ'자 모양의 야트막한 울은 갈 데 없는 꽃받침이다. 멀리 높은 데서 내려다 볼라치면 우리들의 봉분은 산자락의 품에서 움터오른 꽃받침이 붙은 꽃망울이다.

아! 사뭇 황홀한 이 '꽃망울 무덤', 그것은 우리들 한국인이 그 삶의 터전을 구태여 꽃밭이듯 가꾸고자 소원하였기 때문이리라. 그 삶의 꽃밭에서 마지막 일군 마지막 꽃순으로서 저 무덤들, 우리들 앞에 있으니라! 거기 재생의 소망 역력한 것은 꽃이란 언젠가는 피기 마련이기 때문……

원삼국시대, 경주 주변의 무덤들은 그 머리 방위를 동녘에다 두고 있다. 봄에는 왼쪽으로 기울어서, 그러다가 여름의 철갈이를 따라 차츰 가운데로 옮겼다가, 가을 지나서 드디어는 겨울이면 오른쪽에 기울어서 떠오르는 해돋이 방향을 뒤쫓으면서 신라인들은 무덤의 머리 방위를 잡아주었다. 춘하추동 달라지는 해돋이 방위를 따라서 무덤의 머리방위가 달라져 간 것이다. 봄 여름 가을 겨울, 철따라 생긴 무덤들을 한 줄에 나란히 이웃해서 모시면, 해돋이 방위 따라서 조금씩 자리 옮김한 꽃망울들, '해바라기 꽃망울들'을 보게 되리라.

삶의 방위는 물론 동이다. 태초, 천지개벽의 갓밝이(예명)의 방위에서 사람들은 마을을 열고 집을 짓고 살아왔다. 그렇듯 신라인들은 죽음의 머리 방위 또한 갓밝이에 두었으니, 그들은 삶의 대단원이듯 죽음을 누리고자 한 것이다. 받침에 앉혀진 꽃망울 무덤과 해돋이 함께 한 해바라기 무덤으로 해서 죽음은 빛이 되고 삶 또한 덩달아 환히 밝아 있었다.

  삐삐, 벳종벳종
  멧새들이 우는데
  이제 무덤 속 환히 비쳐줄 햇살만이 그리우리.

박두진 시인이 이같이 노래한 것도 꽃망울 무덤이 우리에게 있기 때문이요. 해바라기 무덤을 누려왔기 때문이다.
가지수가 적잖은 한국인의 무덤 가운데서도 초분(草墳)무덤은 유달리 둥두렷하다. 한국인의 죽음과 무덤 경여이며 그 관리가 얼마나 숙연했던가를 말해 줄 으뜸에 초분은 자리잡고 있다.
전라남도 고흥군 나로도에서 또 배를 빌려타고서야 가까스로 당도한 외딴 콩알만한 섬, 쑥섬에서 보기 드물게 만난 초분은 버려진 최후의 증언처럼 허물어져가고 있었다.
겉보기로는 그랬다. 여남은 채밖에 안될 마을은 일부러 초분골 있는 작은 산을 멀리하고 있었다. 바다 가운데로 방파제마냥 내질러진 좁은 외길 저 너머에서 이제 초분은 삭아가고 있었다. 적어도 외양으로는 낡아빠진 짚북더기였다. 조금 덩치가 큰 두엄더미에 불과했다. 그러나 이제 영영 사라질지도 모를 속사정을 두고는 그런 허망한 망언은 삼가야 한다.

본 무덤 만들기 전에 일시 시신을 보관해 두는 가무덤 내지 임시무덤이 곧 초분이다. 짚이나 새 따위 풀로 관을 덮어 두기에 이름지어서 '초분'이라고 한 것이다. 무덤을 두 차례 만들고 그래서 장례도 두 번 치르게 되는 중장제(重葬制)에서 초분이 갖는 의미, 아니 빛이란 무엇이란 말인가!

상고대 우리 북방계 사회에서도 중장제를 치렀다. 신라의 탈해왕은 중장 끝에 토함산에 모셔졌다. 시신에서 살이 문드러지고 삭아지기를 기다려서 뼈만을 따로 추려서 본격적으로 무덤에 모시기 위해서 고안된 것이 중장제다.

첫째, 썩어서 농하고 진물이 되어 악취를 내뿜는 살 따위는 차마 저 거룩해야 할, 정갈해야 할 죽음의 영토에 받아들일 수가 없었던 것이다. 정화된 주검만을 본무덤밭에 받아들이고자 한 것이다.

둘째, 살은 어차피 허망한 것, 뼈만이 영속성이 있고 그래서 영혼의 마지막 집이 될 수 있다고 생각한 옛사람들은 임시의 가무덤에서 살이 다 떨어져 나가기를 기다린 것이다. 윤동주가 그의 「또 다른 고향」에서 "곱게 풍화작용하는 백골"을 들여다 본다고 한 것은 우연한 일이 아니다.

셋째, 사람들은 삶과 죽음의 세계 사이에 있을 과도기를 생각하고는 가무덤을 만들어야 했다.

그러나 누가 무어라고 해도 초분의 빛은 인간 영혼에 어울린 정화된 밝고도 맑은 죽음을 기약한 바로 그 점이라야 한다. 이 또한 죽음을 꽃 가꾸듯 한 그 마음의 소산이다.

돌배 타고 가는
— 신라의 석주관(石舟棺)

　무엇이 인생인가? 삶을 어떻게 살아야 하는가? 이들 물음은 당연히 죽음에 관한 물음을 내포하고 있어야 한다. 아니, 죽음을 삶에 관한 물음에서 답을 얻어낼 실마리로 함축하고 있어야 한다. 죽음은 삶의 푸른 대궁이 끝에 피어날 흑장미 빛의 꽃일 법도 하기 때문이다.

　하지만 오늘날 우리들은 죽음을 짓부시고 있다. 망가뜨리고 있다. 그러면서 마침내 우리들 삶 자체를 만신창이가 되게 하고 있다. 삶에 대한 해코지 없이 죽음을 해코지할 수 없다. 서울 근교의 어느 신도시에서 극히 최근에 일어난 한 사건은 삶이 죽음에 대해서 부려댄 행패에 대해서 일러주고 있다.

　그곳 한 아파트에 갓 입주한 한 무리의 주부들이 근처의 언덕기슭에 모여들었다.

　"공동묘지를 철거하라." 곱게 차려입은 숙녀들은 이렇게 악을 썼다.

경주시 남산 불곡에서 출토된, 망자의 극락왕생을 바라는 영혼의 배 석주관(石舟棺). 신라인에게 있어 죽음은 생명의 끝이 아닌 또 다른 세계로 나아가는 뱃길이었다.

왜 그랬을까? 이 무지막지한 일은 왜 일어난 것일까? 떠돌아 들어온 돌멩이가 남의 집 묵은 기둥뿌리 뽑자고 덤빈 것이나 진배없을 이 사건은 첫째, 주변 미관이 무덤으로 해서 망가진다는 것과 둘째, 그 무덤밭으로 해서 장차 아파트 값이 하락하리라는 것 등 두 가지 이유 때문에 생겨났으리라고 짐작된다. 다르게는 구실을 찾을 수 있을 것 같지 않기에 이 짐작은 크게 어긋날 것 같지 않다. 그렇다면 이 사건은 너무나 참혹하다. 인간적인 것의 종말을 목격하는 것 같다.

살아 있는 자가 죽은 이 앞에서 이토록 오만방자해도 좋은가? 삶이 죽음을 이같이 핍박해도 좋은가? 그들 여성들 가운데 혹 신앙을 가진 이들도 포함되어 있었다고 한다면 이 사건은 무엇이라고 설명되어야 하는 것일까? 우리들은 지금 각자의 죽음은 아예 주어져 있지 않은 것으로 억지를 부리거나 아니면 송두리째 망각하려 들고 있다. 그러면서 남의 죽음은 쓰레기밭에 내팽개치려 들고 있다. 이제 우리들에겐 죽음다운 죽음이 없어져가는 만큼 삶다운 삶 또한 줄고 있다.

죽음의 불모지, 삶의 황무지, 그 허허로운 사막에 선 우리들에게 그래도 아직은 소망이 남겨져 있다고 믿고 싶다. 그것은 아득한 날에 미리 예비된 비결(秘訣)처럼 우리들 앞으로 스스로 노 저어서 다가오는 작은 배 한 척이, 돌로 만든 배 모양의 관 하나가 있기 때문이다. 이물이며 고물이 제대로 갖추어지고 뱃전도 제법 도두룩하게 맵시 갖춘 석주관(石舟棺)이 천년 아득한 세월의 나루 건너서 우리에게로 다가들기 때문이다.

석주관은 경주 남산 불곡(佛谷), 상기도 석굴여래좌상이 금강의 앉음새로 좌정하고 계신 그 불곡에서 우연히 출토된 것이라고 한다. 어느 여름 폭우가 몇날 며칠을 두고 골짝에서 우짖었을 적에 한 무덤이 열리고 석주관은 문득 진수(進水)한 것이다. 그것은 서천 건너서 서방정토세계, 이른바 극락으로 가는 반야용선이다.

> 달아 이제 서방까지 가시어서
> 무량수불(아미타불)에게 이르고 또 사뢰어다오
> 왕생코자 그리워하는 사람 있노라고 아뢰어다오
> 아아, 이 몸 버려두고는
> 달이여 정토엘랑 가지마소서.

이같이 신라적에 광덕 스님은 불곡의 바로 이웃 남산 후미진 골짝에서 달을 우러르며 서방정토로 가기 원하였으니 광덕이 살아서 달에 부친 소망이 어느 이름 모를 신라인에 의해서 석주관 되어 무덤에 묻힌 것이다. 하늘에 극락왕생의 배가 뜨니 신라인은 그것을 달이라 하고 땅밑 무덤에 정토왕생의 달이 묻히니 신라인은 이를 두고 '석주관'이라고 한 것일까?

하지만 신라인이 남긴 또 다른 왕생가가 있으니 이를 월명서(月明師)의 「제망매가(祭亡妹歌)」라고 한다.

> 생사(生死)의 길 이승에 있으매
> 그를 두려워한 나머지
> (누이여) 가노라는 말도 없이 여의었단 말인가
> 어느 가을 이른 바람에
> 여기저기 흩날릴 나뭇잎처럼

불곡에 있는 석굴여래좌상. 천년 세월이 지나도록 삶다운 삶을 소원하는 불자들의 발길이 끊이지 않는다.

한 가지에 태어나고서도
서로 가는 곳을 모른다니
아아, 미타찰(서방정토)에서 너를 만나게 될 나는
도 닦으며 그날 오기를 기다리겠노라.

그렇다. 갈잎이듯 휘날리기 마련인 삶이라서 뿌리로 돌아가듯 정토에 귀의해야 하기에 신라인은 돌배 한 척 모아서 오늘에 전한 것이다. 죽음은 삶의 갈잎일 뿐 그리하여 다만 버려져 마땅하다고 믿고 있는 우리들에게······.

남산 피리촌(避里村)에는 아미타불을 칭송하는 소리가 사시사철 온종일 울려퍼졌노라고『삼국유사』는 전해주고 있다. 그리하여 그 소리가 경주 삼백육십 방 일만칠천 호에 고루 들렸다고 전해 주고 있다. 그것은 말할 것도 없이 살아 있는 이들의 넋을 세도하는 기구의 소리, 서방으로 서방으로 갈 석주관을 위한 뱃노래 소리였다.

신앙이란 워낙 이처럼 넋과 죽음을 위해서 삶이 고추 앉아 마음 바로 잡는 일이다. 죽음이 한계가 아니라는 것, 죽음은 건너고 또 건너야 하는 뱃길이되 삶이 못다 다가간 머나먼 또 다른 길을 향한 뱃길이란 것을 다짐하면서 사람들은 비로소 신앙에 몸 바친다.

죽음이 또 다른 뱃길, 또 다른 항해라고 진실로 믿고 있는 사람들이라면 그 예비항로로 믿어진 삶을 허수이 여기지 않았을 것이다. 오늘의 삶이 내일의 죽음을 익힐 것이고 내일의 죽음에 부치는 소망이 오늘의 삶을 가꾸리라고 믿었던 사람들이 아니고서는 석주관은 만들 수가 없다. 바위덩치 캐고 쪼고 또 다듬어서 그 정연한 조형을 일구어낼 수 없을 것이다. 그것은 넋을 실을 그릇, 영혼의 배였기 때문이다.

죽음을 위해서 또 넋을 위해서 바윗돌 다듬기를 가꾸듯 할 수 있는 사람들이라면 차마 남의 무덤밭을 덜어내라고 소리치지는 않을 것이다.

죽음을 깔보면 삶이 허랑해진다는 것을 일러줄 금언(金言)의 배로 석주관은 우리들 영혼의 물가에, 어스럼지는 넋의 물가에 언제까지나 더 있게 하여야 할 것이다.

봉분이 의미하는 것
— 관들이와 가봉(假縫)

 죽음을 삶의 온전한 부정(否定)이라고 생각하는 사람에게는 삶 그 자체가 부정일 수 있다. 왜냐하면 죽음 쪽에서 차근히 바라보아서 비로소 제대로 뜻이 드러나는 삶의 몫이 있기 때문이다.
 우리들은 죽음의 뜻매김에 드레(무게)를 얹어준 꼭 그 만큼, 각자 제 삶의 의미의 중량을 드레질하게 된다.
 한국인의 그 오랜 무덤은 다른 것은 다 젖혀두고라도 우선 그 맵시부터가 죽음에서 소외되지 않은 삶에 대해서, 또 삶에서 따돌림당하지 않고 있는 죽음에 대해서, 이를테면 한 널판의 이쪽 끝과 저쪽 끝에서 두 사람이 널뛰기를 하는 것이 연상됨직한 관계를 지탱하고 있는 삶과 죽음에 대해서 넌지시 풍겨주고 있다.
 봉분(封墳)과 그것을 안다시피하면서 에워싸고 있는 높지 않은 흙담은 서로 어우러져서 꽃받침을 갖춘 꽃몽우리의 모양새를 일구어낸다.

시신을 꽃망울 속에 꽃술이듯 자리잡게 한 사람들이라야 비로소 대지의 가슴팍에서 봉긋하니 부푸는 유방과도 같은 모양으로 봉분을 빚을 것이다.

동그마하게 부푼다는 것, 그건 그 속에 작은, 그러나 확실한 목숨의 또 다른 힘살이 오랜 잠에서 깨어날 바로 그때, 그가 누릴 신선한 기지개를 미리미리 켜고 있기 때문이다. 적어도 그 같은 믿음이 있기 때문이다. 그건 탁자 같은 납작무덤을, 혹은 네모반듯한 무덤을 만드는 사람들로서는 꿈도 못 꿀 경지다.

부푼다는 것, 봉긋하게 부푼다는 것은 그 속에서 무엇인가가 팽창하고 있음을 의미한다. 구심력에 의해서 견제된 원심력이 힘을 쓰고 있음을 뜻한다. 그건 눈에 안 보이는 용틀임이다. 한국인의 봉분의 무덤에는 팽창하는 힘살이 도사리고 있다. 서리감고 있는 것이다.

한국인의 봉분 무덤을 달리 보면 그 반쪽이 땅 아래로 묻힌 커다란 알의 모양새 바로 그것이 된다. 그러기에 우리들의 무덤은 저 오래고 오랜 난생(卵生) 신화의 꿈을, 말하자면 고주몽, 혁거세, 수로 등 신인(神人)이 알에서 태어났다는 저 신화의 꿈을 변함 없이 꾸어오고 있는 것이다. 무덤 속에서 언젠가는 기어이 새 목숨 부화하기를 꿈꾸고 있는 것이다.

한국인의 고유한 민속신앙은 줄곧 이른바 '중단 있는 영생'을 믿어왔다. 사람이 어차피 죽기는 죽되 거듭 되살아날 것을, 그리하여 죽음과 삶이 쳇바퀴 돌듯하기를 우리들은 믿어온 것이다. 우리들의 봉분은 바로 이 믿음의 힘으로 봉긋하니 부풀 수 있었던 것이다. 영혼에 끊이지 않을 젖줄을 대줄 동그만 젖무덤, 그게 곧 우리들 한국인의 무덤이다.

옛 어른들 가운데는 아주 드물지는 않게 당신께서 장차 거기 의지할 관을 미리 맞춰두는 분이 계셨다. 뒤란의 툇마루 위 처마 밑에 매달아두었다가는 이따금씩 내려서는 몸소 그곳에 몸을 눕히시곤 했던 것이다.

그건 양복을 맞춰 입는 사람들이 흔하게 가봉(假縫)함으로써 옷이 몸에 맞고 안 맞음을 미리 가늠해 보는 일과 같은 성질의 것이었을까?

'죽음의 가봉' 아니면 '입관(入棺)의 예행 연습'. 죽음을 삶의 부정이라고만 생각하는 사람들로서는 이 알뜰한 죽음과의 사전 친화(親和)를 받아들이기 지극히 어려울 것이다.

새 옷이 몸에 맞을까 어떨까를 지레 마음쓰듯 죽음이 제게 맞을까를 미리부터 심려한 사람들. 그들의 각자 애써서 일구어낸 삶의 깜냥 만한 죽음을 누리게 되리란 것을 의심하였을 까닭이 없다.

부모들의 관마저도 이삿짐 옮기는 데 쓰이는 그 기계에 덜렁덜렁 매달아서 아파트 꼭대기에서 땅바닥으로 내려 놓는 사람들이 짐짓 헤아릴 일이 아니다. 아파트 앞산에 오래 전부터 터를 잡은 공동묘지가 있다고 해서 그 철거를 요구하면서 집단시위를 벌인 사람들 역시 그 뜻을 알아차리지 못하리라.

죽음 앞에서 교만을 떨며 오늘날 사람들이 살고 있다. 그들은 필경 그들 삶 자체를 업신여기고 있음이리라. 그들 스스로의 생을 경건하게 엄숙하게 대하지 못하고 있으리라. 오늘의 인심은 죽음을 저버림으로써 삶을 짓이기고 있다.

죽음을 삶의 쓰레기가 아니게 가꾸어야 한다. 죽음을 지레 가꾸는 텃밭을 손질하면서 우리들은 삶을 꽃피울 수 있어야 한다.

우리들이 죽음에 대해서 엄중했던 것은 삶에 대해서 엄숙하였기 때문이다. 죽음을 확인하기가 정교하기 이를 데 없었음은 삶 또한 치밀하고 공교하고자 소망하였기 때문이다.

전통 한국사회에서 죽음은 자그마치 세 단계에 걸쳐 확인되었다. 첫째, '숨지다'란 말이 시사하듯 숨결이 멎는 것으로 확인되는 '숨결죽음'이다. 둘째는 '넋죽음'이니 넋이 영영 몸을 떠나 저승으로 가는 것이라 생각되었다. 셋째, '세포죽음'이니 육신이 썩기 시작하는 것으로 이제 죽음은 결정적이라 생각한 것인데 초분이나 외빈은, 그리고 삼일장, 오일장 등은 그 확인절차로 고안된 것이다.

죽음의 확인은 이토록 신중했다. 삼중의 확인을 위한 보장장치를 거치고서야 비로소 한 인간의 죽음은 받아들여졌다. 해서 어느 절차나 모두 소중한 것이지만 그 가운데서도 넋죽음은 각별한 뜻을 간직하고 있다. 코에 명주를 얹어서 숨이 멎었음을 확인하면 이내 유족중의 하나가 이제 갓 숨진 사람의 웃저고리를 들고 담장같이 높은 곳에 올라가서 그걸 흔들어댔다. 그리곤 소리쳤다. "복, 복, 복"이라고.

'복'은 돌아올 '복(腹)'이니 이제 갓 몸을 나서서 저승길에 오른 넋을 돌아오라고 부르면서 초혼(招魂), 곧 넋부르기를 하였으니 그러고도 숨진 이가 되살아나지 않으면 그제서야 비로소 상주들은 영이별을 할 차비를 차렸다.

이 넋이 '탈신혼(脫身魂)'이다. 몸을 자유로이 벗어날 수 있는 넋이라서 '자유혼'이라고도 한다. 이 혼이 있어서 인간은 비로소 육신이란 물질을 넘어선 초월성을 자신에게 부여할 수 있었다. 정신적인 삶의 영토를 무한으로 뻗게 하고 그 시간을 영원을 향해서 넘쳐나게 한 것이다.

한데 한국인은 어쩌다가 눈에 띌 수도 있는 이 탈신혼의 모습의 하나가 하이얀 쥐라고 믿었다. 밤에 나도는 쥐의 생리가 영혼과 같다고 믿은 탓이지만 그러나 보통사람이 아닌 악당은 검정쥐 모양의 넋을 갖게 된다고 전해져 있다.

한국인은 영혼의 초월성에다 다시금 정결한 양심과 안존한 화평을 더해 주기 위해서 넋짐승인 새앙쥐로 하여금 흰빛을 띠게 한 것이다.

그것으로 한국인은 삶에 부쳐서는 죽음의 엄숙함을, 죽음에 부쳐서는 삶의 진지함을 삼가 다짐둔 것이다.

8장
머나먼 세계의 끝이듯이

할머니들의 고추 따먹기
— 집안 씨지키미들 이야기

할머니들은 그걸 지극한 사랑이라고 생각했을 것이다. 사랑도 어디 예사 사랑이던가! 그야말로 금지옥엽(金枝玉葉)에 대한, 장중보옥(掌中寶玉)에 대한 사랑으로는 그 짓이 오히려 모자란다고 여겼을지도 모른다.

하물며 할머니들은 집안의 '씨지키미'요 가문의 살아 있는 대모신(大母神)이기에 그 사랑의 행위는 지극히 만족스러웠을 것이다. 마치 무슨 큰 소임이나 다한 사람처럼 흡족해 하기도 했을 것 같다.

"아유! 내 고추!"

이러면서 할머니들은 손주 고추 따먹기들을 했다.

더러는 그걸로는 극적 효과가 모자라서 한판의 그럴듯한 연기, 생동감 넘치는 연기를 치르기도 했다.

때는 한여름, 어리디어린 손주 녀석은 알몸이다. 땀 저린 사타구니 사이로 작은 고추가 제법 우뚝하다. 오줌기가 거든 것일까?

할머니는 빨가숭이에게 연기를 명한다.

할머니들이 손질하던 것, 그것은 마당에 늘린 고추만은 아니다.

"아이고, 내 새끼, 고추 좀 내밀련!"

미리미리 여러번 단련을 받은 '유아배우'는 허리에다 대고 두 팔을 괸다. 무척 장군(將軍)스럽다. 그리곤 허리를, 아니 배를 앞으로 앞으로 내민다. 무척 대장군스럽다. 당연히 고추가 우뚝 선다. 그것은 어린 대장군의 '레가리아', 왕권 상징 같은 것일지도 모른다. 이때 애기는 온통 '팔루스', 그것도 라깡이 이름붙인 그대로의 '팔루스'로 존재한다.

연출가의 사기(士氣)는 지극히 높아진다. 만면에 웃음의 홍수다. 주름살마다 철철 고여서 넘친다.

"아이고나, 내 고추!"

장군님 고추를 따는 시늉, 그걸 입에 갖다 넣는 시늉이 연달아 실행되고 드디어 할머니는 우적우적 씹는 시늉까지 해친다. 마침내 꿀꺽 삼킨다.

"애그! 고수해, 애그 달기도 하지!"

한 번으로 끝나지 않을 때도 있다. 그만큼 할머니들의 '고추' 식욕은 왕성했다.

그렇다. 이 광경은 일단은 정겨울 수 있다. 여름 동구안 어디서나, 집안의 앞뜰쯤에서 쉽게 목격된 정경이라고 우선은 말해도 좋다.

그리하여 어른 사내들은 그 추억에다 고명이며 양념을 담뿍 뿌려댈 수도 있을 것이다. 바로 할머니들이 손수 장만하신 그 아슬한 날의 깨소금이며 참기름들로…….

하니까 그때, 바로 그 정겨운 찰나에 할머니들께서 일종의 죄짓기를 하고 계시다는 것, 하다못해 잘못을 저지르고 계시는 현행범이란 것을 알아 차렸을 턱이 없다.

"손주라고 하나 키워서 어른 만들었더니 못할 소리가 없네."

그러시면서 땅이 꺼지라고 한숨지으실까?

하지만 옛 할머니들이시여! 그 노릇 미국까지 가서 남의 손주, 그것도 흰둥이 남의 손주 상대로 하시다가 '폴리스'에게 잡혀간 우리들 할머니가 계시다는 걸 못 들으셨습니까.

별 망칙한 나라도 다 있다고요? 그래요 나라 자체는 망칙할지 몰라도 그 할머니 혼줄 난 것은 제법 교훈이 될 만하다고 하면 다시 한 번 더 한숨지으실까요?

옛 할머니들이시여! 손주 고추 따먹기를 즐기고 계신 바로 그 광경을 할머니들과 같은 성(性)을 나누어 가진 또 다른 어린 후손이 지켜보고 있었다면 어쩌시겠습니까? 그걸 좀 생각해 보신 적이 있으신지 모르겠습니다.

아! 할머니들 어린 손녀들은 눈이 아렸을 것입니다. 그리곤 그 아픔은 사타구니 사이를 타고 그리곤 온 몸을 바늘처럼 후벼댔을 것입니다. 미처 스스로, 그게 어찌 된 건지도 모르는 아픔에 시달렸을 것입니다.

그렇습니다. 우리들의 옛 할머니들이시여! 할머니들께서는 그 '고추 따먹기'를 하시는 순간, 엄청난 성차별을 하셨던 것입니다. 한 어른 여성이 어린 여성에게 트라우마, 곧 정신적 외상(外傷)을 입힌 거나 다를 바 없었던 것입니다. 그리고 '고추'에게는 터무니 없는 '성적 교만'이란 좀 색다른 상처를 입힌 것입니다.

그게 사랑이 아니라 상처내기였다고 필자가 말한다면, 어느 집안인지 몰라도 영낙없이 '고추' 하나 잘못 키웠다고 재삼 한숨지으실까요? 정말이지 민망하고 송구합니다.

하지만 '고추 먹기'가 역기능 가득한 '성교육'이었음을, 어린 철의 가장 몫이 큰, 그래서 부작용도 컸던 '무의식의 전통 가정교육'이었음을 명색이 민속학을 공부한 '고추'는 말씀 들이지 않을 수 없습니다.

그렇게 말씀 아닌 고언을 드리는 것이 '고추'의 고추다운 참구실임도 함께 말씀들이고자 하오니, 이 엉석, 부디 너무 고깝다 마시기 바랍니다.

목숨 열리게 한 물
— 정화수에 담긴 종교심성

이른 봄, 해토(解土)머리에는 '나무에 물이 오른다'고들 한다. 나무만이 아니다. 해토, 곧 땅풀림은 무엇보다 대지에도 물이 오르는 것을 의미한다.

물오름은 새 생명의 태동이다.

그러기에 모든 목숨 있는 것들에게 물은 곧 목숨 그 자체다. 물로 목숨이 지탱되는 생명체들은 몸통을 지녔다고 하지만 실상 몸통이라기보다는 '물통'을 지니고 있다. 아니 생명체 자체를 '물통'이라고 부르는 게 옳을지도 모른다. 몸통의 살도 따지고 보면 그냥 살이나 육(肉)이 아니고 물살이고 '수육(水肉)'이다. 물 빠지면 살도 육도 다만 갈잎덩이에 불과하다.

목숨 부지하고 있는 것들에게 물이란 그런 것, 절대적인 것이다.

뿐만이 아니다. 생명체들이 그 목숨을 기탁하고 있는 지구덩이도 그 점에선 다를 바 없다. 물기 마르면 지구도 필경 마른 흙덩이에 불과할 것이기 때문이다. 그 지경이 되면 우리들은 더 이상 지구를 지구라고 부르지 말아야 한다. 이름 바꾸어서 '사구(砂球)'라고 불러야 한다.

　세계 여러 곳의 신화에서 그렇듯이 한국신화 또한 국모, 곧 나라의 첫 어머니를 '물의 여성'으로 형상(形象)하고 있는 것은 바로 물이 모성이라고 여겼기 때문이다. 나라의 첫 어머니는 다름 아닌, '물어머니'였던 셈이다. 석기시대쯤, 아주 오래된 옛날, 무덤 속 누운 사람의 머리를 굳이 물흐름을 거스르는 방향으로 두었던 것은 바로 이 때문이다.

　농사짓고 살아온 사람들에게 이런 이야기는 한갓 부질없는 잔소리나 군소리 같은 것, 그 사람들로서는 논에 물대는 일로 '물싸움' 함은 곧 생존줄을 확보함이었다. 물줄기는 바로 목숨줄이였다. 해서 물고 트기는 단순히 논에 물길을 터주는 것만을 뜻하는 데 그칠 수는 없었다. 그것은 모든 막힌 것을 트는 일, 닫힌 것을 여는 일, 어려움을 해결하는 일 바로 그것을 의미했다. 그런가 하면 하다못해 사람 사이에서 마음이 오가는 것도 물고틈에 견주면서 우리들 한국인은 살아들 왔다.

　하기에 삶의 환경, 인간 목숨과 생활을 에워싼 생태환경을 말할 경우에도 한국인은 어김없이 물을 이야기해 왔다. 삶의 터전인 마을도 집터도 산을 등지고 물을 내다보는 곳, 이른바 배산임수하는 곳이라야 했다. 이 경우 산은 보호의 공간이고 거룩한 공간임에 비해서 물(강)은 희망이며 발전이 기약될 생활의 공간이었다. 물 바라봄으로써 삶 그 자체가 아예 전망이요 개방일 수 있었다.

　하지만 배산임수에도 조건이 따라붙기 마련이어서, 굳이 산은 갈매빛이고 물은 드맑은 곳에서, 곧 산자수명한 곳에서 배산임수하는 것이었다. 이것은 목숨 온전히 가꾼다는 것이 빛나고 맑게 가꾸는 일임을 다지

지리산 기슭 작은 마을의 공동우물. 마을 안 제일가는 성역이다.

고 다짐한 때문, 건강하고 윤리적인 삶을 우러러 소망했기 때문이다.

그러니까 드디어 물은 신앙의 매개거나 혹은 객체가 된 것, 한국인의 종교심성, '호모 렐리기오수스'라고 해도 좋을 인간이 인간다울 수 있는 종교심성의 매개 또는 객체가 된 것이다. 바로 이에서 우리들은 정안수, 또는 정화수(井華水)를 야기할 수 있게 된다.

집안 뒤란의 장독대, 엎어놓은 커다란 옹기 위에 하이얀 대접 하나, 그 속에 넘칠락말락 맑은 물이 고여 있다. 곁에는 어찌면 황촉의 심지불이 바람에 너울대기도 할 것이고…….

때는 새벽녘, 동트기도 전에 그 앞에 엎디신 우리들의 옛 어머니시여! 당신들께서는 그 물에 걸어서 그리곤 물에 비친, 물 닮은 맑디맑은 마음

머나먼 세계의 끝이듯이 253

물 고이라고 땅이 생기고, 물 고여서 목숨에 피가 고였다.

에 걸어서 이렇게들 비시곤 하시더이다.

"천지신명이시여, 일월성신이시여, 오직 제 정(淨)하디 정한 마음과 정성 바치오니 굽어 살피시와 저희 집안에 복일랑 베푸소서."

아! 이런 경건한 순간, 우리 옛 어머니들께서 믿으신 것은 천지며 별들, 그리고 해와 달의 신령만은 아니다. 그 분들 마음의 맑음과 그에 어울릴 물이야말로 으뜸가는 신앙의 바탕이었던 것이다.

오죽했으면 하고많은 이름 다 두고 '정화수', 곧 '우물의 꽃물'이라고 했을라고!

꽃물인 우물물, 그것을 닮은 마음, 그 이쪽 저쪽에 한국인의 거룩한 종교심성은 자리하고 있었던 것이다. 물에 부쳐서 가꾼 맑은 마음에 실은 신앙심, 오늘의 우리들에겐 크나큰 그리움이다.

그러니 약수신앙은 한국인에게 지극히 자연스러운 것, 맑은 물로 마음 다스리고 가슴 맑히면 만사형통할 거라고, 건강하고 복될 거라고 믿었던 것이다.

물에 바친 신앙은 마침내 '물할미', 곧 수고(水姑) 신앙도 낳으니, 이는 물의 노숙한 요정쯤 되는 것일까? 임진해의 전쟁때, 왜적을 물리쳤다고도 전해져 있는 것으로 보아서는 이들은 '나라지킴이의 물의 정령' 일 법도 하다.

신앙에서 큰 몫을 차지한 물은 당연히 시와 그림 등 예술, 그리고 철학이며 사상에서도 소리 울리면서 흐르고 있었다. 이들 한국인의 문화 영역에서 자연은 오직 '산수'라는 이름으로 호칭되었다. 그런가 하면 시조는 "산 절로 수 절로 산수간에 나도 절로"라고 노래함으로써 '저절로'란 뜻의 자연의 자연다움을 물에서 찾았다. 가장 바람직한 삶의 자세는 물의 흐름같아야 한다고들 믿었던 것이다. 하기에 지금도 뭣인가 순조로운 것은 누구나 '물 흐르듯 한다'고들 하는 것이던. 순수(順水)가 순명(順命)이었다.

그러나 불행하게도 우리들은 다음과 같은 말도 대량으로 가지고 있다. 가로되 '물난리', '물벼락', '물 먹이다', '물 건너 갔다' 등등……. '물먹이다'는 '골탕먹이다'와 같은 뜻이고 '물 건너갔다'는 '망조가 들었다'와 같은 뜻이다. 오늘날 물을 낭비하고 그로써 물을 천대하고 드디어는 물을 오염시키고 있는 우리들, 그래서 결국은 스스로의 목숨을 오염시키고 있는 우리들에게 물은 뭣일까? 역수(逆水)함으로써 역명(逆命)한 것이 오늘의 우리들이다.

우리의 내일에 물 먹이고 우리의 미래가 바로 물 건너가기 전에 정안수 떠놓고 빌던 우리들 옛 어머님들의 물빛 서리던 그 마음, 부디 우리를 굽어 살피소서.

구들, 냉돌사회에서 생각하는 우리들의 구들목
— 한국인 제2의 살갗

'배부르고 등 따스하면 정승 부러울 게 없다.'

옛 어른들이 흔하게 하던 말. 충족한 삶을 위한 최소한의 양대조건이 거기 담겨 있다. 앞으로 배부르고 뒤로 등 따스하면 우리들 옛 한국인의 삶은 앞뒤 갖추어서 넉넉했던 것이다. 이 가운데 배부른거야 한국인만의 것이 못된다. 한국인의 한국인다운 충족한 삶의 조건은 바로 '등 따스함'에 있다.

등이 따뜻한 한국인, 그래서 정승 저리 가라고 자신의 삶에 흡족해 하던 한국인!

그건 무엇 때문일까?

그렇다. 그건 단적으로 온돌 때문이고 구들 때문이다. 하지만 이 경우 유념할 일은 구들의 일부를 이루기도 하는 뿌뚜막과 아궁이 없이는 한국인이 밥 지어 먹을 수가 없었다는 점이다. 따라서 결국 한국인이 배부르고 등 따스한 것, 모두 구들이 베푼 혜택이다.

한국인들은 이래저래 구들장지기로 살아왔다. 실제로 '구들장 지고 산다'고들 해왔다. 불이 잘 든 구들방 바닥에 등 대고 누우면 잠자리로는 그 이상 더 바랄 게 없었기 때문이다. 한국인은 '구들장지기'였다.

옛 한국인이 불이 잘 든 구들 지고 누우면 '아! 따뜻해!'라고 감탄, 또 감탄했다.

'등이 노골노골해!', '온 몸, 온 삭신이 다 풀리는 것 같애!'라고 행복해 하였다. 그런 순간 한국인은 집의 안락, 가정의 화락, 그리고 밤마다 누릴 잠의 편안함 등을 고루 확인하곤 했다.

그게 모두 등 따스한 덕분이고 구들 따뜻한 덕택이었다. 그래서 옛 한국인은 구들지기다.

'잠자다' 또는 '눕다'와 '구들(장) 지다'는 같은 뜻의 말들이다.

한국인이 등 대고 누워서는, 곧 구들장 지고는 안식을 취하고 또 잠을 자곤 했던 그 '구들'이란 말은 방구들의 줄임말이다. 그런가 하면 방구들은 온돌(溫突)과 같은 뜻이다.

구들은 크게 보아서 불떼는 불아궁이(부뚜막)와 불길인 고래와 그 덮개인 구들장, 혹은 구들돌로 구축된다. 구들장 위는 흙을 덮어서 방바닥 또는 마루를 이루게 한다.

따라서 구들은 불지핌에서부터 불의 유통 및 불(기운)의 보관까지를 겸한 다용도적이고 다목적적인 연소 및 난방 시설이다. 이 경우 굴뚝까지도 구들의 구성요소로 보게 되면 온돌에는 연기뽑아내기의 기능이 또 하나 추가될 수 있다.

불지핌과 불의 흐름, 그리고 불(기운)의 보관, 연기뽑기까지가 온돌, 곧 구들의 기능으로 쉽사리 지적될 수 있지만, 이때 구들이 곧 거주 공간이자 침실 공간의 기능을 겸하고 있음이 특히 크게 부각될 수 있다. 구들바닥의 온기는 벽을 타고 우선 전도된다. 간접적으로 벽난로 구실도 하는 것이 곧 구들이다. 그리하여 구들은 방 전체를 통으로 난방·보온 장치가 되게 한다. 구들방은 보온병 아닌 보온방이다. 방을 겸한 난방·보온 시설 그것이 곧 구들이다. 일부 절간의 '아자방'은 방의 보온 효과를 극대화한 것이지만, 온 지구상 여러 인류의 난방장치 가운데서 가장 낭비가 극소화된 고효율의 것의 으뜸자리에 구들은 좌정할 수 있을 것이다.

아궁이와 굴뚝은 실상 방 바깥에 있으므로, 방 또는 방바닥으로서 구들을 말할 때 가장 중요한 구조체는 고래다.

고래는 불골, 곧 불이 지나다니는 도랑이다. 산에 바람골이 있고 들에 물골이 있듯이 우리 구들방에는 불골이 있는데 그걸 고래라고 한 것이다. 논의 물고에 견주어서 불고라고 해도 좋을 고래는 장작을 떼는 연소 공간인 아궁이의 불목에서부터 부너미를 거쳐서 불길을 받아들여서는 방바닥 밑 구석구석을 지나서는 굴뚝까지 이끌어가는 불길, 곧 불의 통로다.

불목 바로 윗부분, 돌이 깔린 부너미 주변이 바로 아랫목이다. 온돌방 중에서 가장 온기가 짙은 곳이어서 겨울 삼동 내내 한국인의 가장 중요한, 가장 포근한 생활 공간을 형성하게 된다. 방을 안쪽/바깥쪽, 그리고 위/아래로 공간 분할을 할 때 아랫목은 그 결정적인 기준이 된다. 그

만큼 한국인은 온돌하면 아랫목을 연상한다. 한국인의 생활정서, 나아가서 그 서정에서 아랫목은 심장과도 같은 구실을 도맡아 왔다.

온실의 효능에서 고래가 맡은 몫이 결정적인 만큼, 고래의 구조에 각별히 한국인은 마음을 써왔다. 도랑의 배치와 그에 따른 도랑과 도랑이 서로 이루는 선을 따라서 고래의 구조는 달라진다. 크게 보아서 방 앞뒤의 벽과 직각을 이루고서 직선으로 파진 몇 줄의 도랑이 나란히 배열된 고래, 곧 '줄고래' 또는 '나란히 고래'가 있는 이외에 도랑이 방사선형으로 배치된 고래가 있고 달리 또 도랑의 배치가 미로(迷路) 같아 보이는 고래, 곧 '굽은고래'도 있다. 방사선 형의 고래에는 두 가지가 있는데, 그 중 하나는 방의 앞벽 중앙에 자리잡은 아궁이와 뒷벽의 중앙에 위치한 굴뚝을 잇는 선을 중심축으로 삼은 것이고 다른 하나는 앞벽 귀퉁이에 위치한 아궁이와 이와 대각선 상의 뒷벽 귀퉁이에 위치한 굴뚝을 잇는 사선을 축으로 삼은 것이다. 전자를 '부채고래', 후자를 '맞선고래'라고 한다. 이와는 달리 도랑을 일정 모양으로 내지 않고 그냥 잔돌을 얼기설기 괴어 놓은 경우, 이것은 '허튼구들'이라고 한다. 이에 비해서 도랑이 일정 모양으로 설계된 고래, 곧 골이 일정하게 켜진 것은 '연좌구들'이라고 한다. 앞에 들어 보인, 줄고래, 부채고래, 맞선고래, 그리고 굽은고래는 모두 후자에 속한다.

이들 몇 가지 형태의 고래는 한국 서민들이 구조물의 효능에 대응하여서 창안한 강한 설계의식의 표출로서도 대표적인 것이라고 할 만하다. 현대적인 대도시의 도로망을 연상시키기도 하는 이 고래의 구조는 돌로 이루어져 있는 만큼, 불(기운)의 교통망인 동시에 열의 장기간 저장, 곧 보온을 고려한 결과다.

고래의 뒷벽에 붙은 도랑은, 불(기운)의 터미널격이거니와 이것은 특별히 '개자리' 라고 한다. 다른 부분의 도랑보다는 깊게 패인 것인데 이것은 불기운이 마지막으로 괴어 있는 곳이어서, 이를테면 '저화조(貯火槽)' 기능을 맡은 곳이다. 불기운은 여기 저장됨으로써 온돌이 갖춘 보온 기능을 극대화하는 것이지만, 그런 한편 굴뚝 바로 아래에 패여진 '굴뚝 개자리'로 연기가 넘어가는 관문(關門) 노릇도 하고 있는 곳이다.

더운 기운을 지키는 수문장이면서 동시에 식은 기운을 내보내는 관문 노릇도 맡은 그 이중의 기능이 사뭇 돋보인다. '달면 삼키고 쓰면 내뱉는다' 고 한 속담이 아주 아주 좋게만 쓰인 절묘한 본보기라고 해도 좋을 것이다. 다 켜진 고래는 아궁이 쪽이 약간 낮고 굴뚝쪽이 약간 높게, 말하자면 약간 경사지게 되어 있는데 이것은 말할 것도 없이 불의 전도율을 드높이기 위해서다. 이같이 고래에는 열의 전파와 그 보존을 위한 갖가지 발상이 작용하고 있으니 이는 한국 서민의 일상생활 공간을 위한 '열역학의 금자탑' 이다.

불길이 잘 통하고도 잘 지켜지게 고래가 다 켜지면 그 위에 구들장을 까는 차례다. 비교적 넓고 편편한 납짝돌을 고래를 이루고 있는 두둑돌 위에다가 얹어서 잘 괴어 놓는 것이다. 그럼으로써 방바닥 전체가 판판한 평면을 유지토록 하는 것이지만 이것은 구들장 위에다가 고루 발라 붙이게 되는 찰흙깔기로 더한층 보완된다.

이제 마지막으로 장판이 깔리면 구들은 완성된다. 장판은 흙장판과 멍석(자리)장판과 종이장판으로 가름될 수 있을 것이다. 흑장판은 문자 그대로 진흙에다 북더기 등을 섞어서 물에 괴어서 구들장 위에 깔아서 말린 것뿐인 장판이다. 더러 그 표면에 기름발림을 하는 경우도 있다. 멍석장판은 흙바닥 위에 멍석을 깐 것이고, 장판이란 말이 가장 잘 어울릴 종이장판은 두꺼운 장판지를 깔고는 그 위에 콩기름 등의 식물성 기름을 먹인 것이다.

 반들반들하고도 매끈매끈한 촉감, 거기 더해서 겨울은 다사로운 만져짐, 여름엔 싸늘한 만져짐, 그것은 구들장판으로 하여금 옛 한국인의 제2의 살갗이 되게 하였다. 거기 등 대고 배 깔고 하면서 또한 맨살 맞대면서들 우리는 살아왔다. 방에 앉자말자 엉덩이 근처 방바닥부터 만지작거리던 그 버릇, 그 애무와도 같은 손길, 그것은 영낙없는 한국인의 몫이다.

 한데도 이제 구들은 무너져가고 있다. '구들을 파놓을라!' 라고 미움받이들에게 악담을 퍼붓곤 하던 것인데 그 악담은 우리들 각자에게 메아리져 돌아오고 있다. 구들이 가고 온돌이 가면서 냉돌이 되어 가고 있는 우리 사회, 이제 우리들은 구들을 냉돌 저 너머, 향수의 피안에다 내동댕이쳤다.

어느 장독대의 사연
— 아! 정이라는 것, 연줄이라는 것

대문을 들어서는데 뜰안이 사뭇 고즈넉했다.
'아니, 빈 집이던가?'
고요가 하도 지나쳐서 쭈뼛대는 마음을 달래듯 나는 무심코 헛기침을 했다.
"누구 왔소?"
웃채 마당을 향해서 난 창문이 열리는 것과 함께 서늘한 목소리가 마당을 건너왔다.
앉은 채로 밖을 내다보는 허이연 머리를 우러르듯이, 안내하던 이장이 공손히 절을 하는데, "네, 손님 한 분 모시고 왔습니더." 그의 대답은 그가 굽힌 허리보다 더 낮게 깔리고 있었다.
'손님이라, 나한테?'
미닫이창이 닫혔다.
이윽고 지게문이 열리고 할머니가 대청마루 끝에 섰다. 소복인가 싶도록 정갈한 흰 빛 차림새를 에워서 햇살이 눈부셨다.

마루를 내리 서서는 섬돌. 놀랍도록 사뿐히 흰 고무신을 신었는가 싶더니 섬돌 아래서 우리에게 고개를 숙였다.

"어서 오이소."

범절, 절도. 그런 것이 뼛대로 밴 말씨와 몸매를 향해서 나는 다만 깊이 허리를 굽혔다. 낯선 사람이 누구라는 것, 무엇 때문에 왔다는 것을 이장이 공손하게 알렸다.

"우리 집안이 보고 싶으시다니, 뭐가 있다고!"

말은 그러면서도 의아해하는 빛은 보이질 않았다. 정중하기가 이끼 앉은 지붕보다 더했다.

"죄송합니다. 이름난 이 집안의 오래된 뜰안을 공부하고 싶어서요."

할머니는 이 말에 고개를 주억거렸다. 그리곤 내가 무안해 하는 것을 덜어나 주는 듯이 등을 돌려 뒤란으로 향했다.

옷채 벽을 끼고 지나자 이내 뒷뜰.

부엌에서 뒷담까지 서너 발자국이나 될까? 제법 넓은 공간에 듬성듬성 들어선 관목들이 늦은 여름 햇살을 받아서 푸르렀다. 그것은 흙과 돌이 번갈아서 층을 이루고 있는 토담을 배경으로 해서 더 한층 싱그러웠다.

저 만큼 앞서 가던 안주인이 장독대 앞에서 철 이른 갈잎을 집었다. 허리를 굽히는데 따라서 뒤로 길게 뻗어 있던 그림자가 오므라들었다. 문득 그녀는 무척 작아 보이고, 그래서 이 묵은 집의 뒤란은 더 없이 적요했다.

저렇게 자주자주 그녀는 이곳, 남 보이지 않는 곳에서 웅크리곤 했을까? 서성이다가 또 멈춰 섰다가 그리곤 토담을 우두커니 건너다 보다가는 황매나 해당화 넝쿨 곁에 웅크리곤 했었을까? 꽃그늘에 묻히듯이…….

어쩌다 바람이 치마자락을 날리면 그리하여 얕은 설레임이라도 일면 행여나 인기척인가, 하고는 둘레를 살피기도 했을까? 혼자살이하는 집 안에선 바람도 검은 빛을 띤다던가…….

이내 그녀는 허리를 폈다. 일어서는 길에 장독대로 올라섰다. 그리곤 큰 장독의 두껑에 얼굴을 대고는 '호오!' 하고 입을 불었다. 워낙 햇살이 밝아선지 뽀오얀 먼지가 일었다. 먼지를 따라가던 시선이 먼 뒷산 고개턱쯤에 멈춘 걸까? 할머니는 한참을 그렇게 먼 곳 바라기를 계속했다.

돌이 군데군데 박힌 토담이 동그마하게 둘러쳐진 장독대는 상당히 넉넉했다. 기와장이 얹혀진 토담머리는 마삭덩쿨이 수라도 놓은듯이 감고 있었다. 널찍널찍한, 검정빛 널판지 돌이 깔린 바닥은 육중했다. 담을 에워서는 채송화며 분꽃, 그리고 봉선화가 흐드러지게 핀 매우 아름다운 장독대였다.

규모며 차림새며 정갈함이 어떻게 보아도 또 다른 '안채'로는 무척 격이 높은 장독대였다.

실제로 장독대는 어느 집에서나 안사람, 안식구들만의 공간이기에 제3의 안채, 안방일 수 있는 곳이었다. 아무래도 부엌을 제2의 안채로 받들어야 하기에 장독대는 하릴없이 세번째로 물러서야 하는 것이지만 그같은 차례 매김이 절대적일 수는 없을 것이다.

비에 젖어서 더욱 싱그런 장독대. 고추날기의 붉음이 눈부시다.

장독대는 집채 바깥에, 또는 뜰에 위치한 대표적인, 그리고 독점적인 여성 공간이다. 양념과 고명의 고방이자 밑반찬의 곳간이다. 한 가족이 대물림으로 이어받은 '맛의 안태본'이다. 그러기에 한 집안 주부의 마음의 둥지였다. 정서의 의지가지였다. 독 하나마다 옹기 하나마다 그 생김새며 구실 따라, 우리들의 아주멈네는 마음씨를 가꾸고 또 가다듬었다.

그러면서도 장독대는 주부들의 어른스런 소꿉놀이터일 수도 있는 곳. 키 작은 나무며 화초로 둘레를 꾸미고 갖가지 항아리며 독, 그리고 단지며 병들을 그 크기와 모양새를 살려서 자리매김을 하면 장독대는 이내 어엿한 조형예술물의 전시장이 되기도 했다. 언제나 깨끗했고 언제나 풍성스러웠다.

여자아이들이 소꿉장난을 칠 때는 문득 동화스런 공간이 되었고 여름 밤, 큰 옹기 새에 몸을 숨기고는 여인네가 등물이라도 칠라치면 장독대에는 싱그런 목숨의 결이 출렁대기도 했다.

뿐만이 아니다. 그곳은 여인들의 은근한 성역(聖域)이기도 한 곳.

조금 크다 싶은 장독 위에다가 정화수 담긴 흰 대접을 차리고는 주부들은 가족의 탈 없음을 빌었다. 맑은 물 한 그릇에 맑으나맑은 마음이 실리면 그걸로 이미 천지신명은 능히 감응하는 것이었다. 맑음에 부친 경건한 신심.

아! 이 청정(淸淨)의 신심, 새삼 그립다.

이런 저런 생각에 한참이나 잠겨서는 장독대 안을 유심히 살피는 내 눈에 좀 색다른 것이 보였다.

비교적 큰 장독, 둘이 나란히 놓였는데 그걸들을 엮다시피 하면서 새끼줄이 감겨 있었다. 두 개의 독을 S자 모양으로 감은 줄에는 군데군데 청솔잎이 꽂혀 있었다.

'아! 저게 뭘까?'

곁에 가서 나는 쭈그리고 앉았다. 그리곤 독과 줄을 매만졌다. 궁금해서 뒤돌아 보는 나의 시선에 할머니의 시선이 얽혔다.

"하나 있는 아들 녀석이 소식이 끊겨서······."

그뿐, 할머니는 말을 끊었다.

나는 '헉!' 하고 숨이 막히는 것 같았다.

푹하니 주저 앉을 것만 같았다.

'아! 그랬구나. 어미 자식 사이의 인연의 연줄을 되살리자고······.'

뒤란에는 이미 저녁기척이 감돌고 있었다.

뒷산에선가 소쩍새의 울음이 시리게 밀려왔다.

뒤돌아 서서 장독대를 나서는 할머니의 어둑한 등에 아린 새울음이 설레고 있었다.

남해 바다의 섬들
― 고독끝의 서정들

 섬은 고독끝에서 정서를 마무리한다. 섬은 침묵의 막장에서 뜻을 갈무리한다. 그리고 외따로임으로 해서 우리들 마음안에 스며든다. 섬은 물결에 떠서 물보다 가볍다. 그의 자유는 거기서 비롯한다. 섬은 오직 자기 혼자일 수 있음을 보장하는 그 경계를 역으로 수평선을 향한 개방이며 하늘끝을 향한 개방이 되도록 열어 놓는다.
 한반도의 남녘 끝, 남해 바다는 무엇보다 섬이 많아서 좋다. 영 호남의 남해바다는 섬바다다. 무수한 섬, 수백 수천으로 헤아려야 할 그들은 모두 우리 고장 바다의 꽃이요 별이다. 그들이 있기에 우리는 이 고장의 바다를 백화 흐드러진 들판을 바라듯, 별들이 뜬 밤하늘 우러르듯 지켜 보며 살아들 왔다.
 이 책은 이 고장 바다의 섬들에 바치는 찬양이요 경의요 그리고 무엇보다 애정을 겸하고 싶다.
 동으로 울산이며 장승포의 크고 작은 곶(岬)에서부터, 서로는 해남의

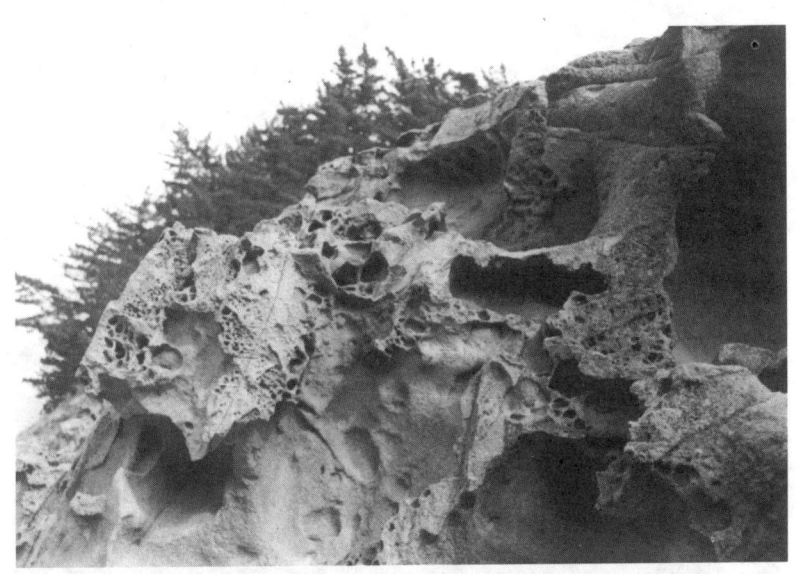
경남 고성의 자란만에 떠있는 사량도에 딸린 수우도의 해골바위 일부

포구에 이르는 천여 리의 우리 바다에는 섬이 유달리 많다. 조물주는 태초에 섬들을 앉히기 위해서 여기 한반도의 남단에 바다를 열었는지도 모른다.

그러나 불행히도 뱃길이 멀다고 해서 또는 물길이 더러 험하다고 해서 줄곧 지척이 천리이듯 우리는 그들을 대해 왔다. 가깝고도 먼 '우리 고장'이었다.

그러기에 멀어진 피붙이를 되찾듯, 이산가족을 되만나듯 그들과의 거리를 좁힐 필요를 누구나 남해인이라면 염원해 왔을 것이다. 이 책은 그 염원을 담아서 우리의 섬들을 이웃사촌으로 되사귀고자 마음하고 있다.

우리 고장 바다의 섬들 치고 어느 하나 '조물주의 조형예술물' 아닌

태초에 바다는 섬들을 섬기기 위해서 그 드넓은 가슴을 열었다.

것은 없다. 그래서 우리들의 바다는 섬이라는 '조형예술의 전시장' 이다.

　몇천만 년, 아니 몇억, 몇백억 년, 바람과 파도가 깎고 다듬은 거대한 자연 조각품일 수도 있는 것이 우리들 바다의 섬들이다. 거기 다시 개벽 이래의 역사가 줄줄이 각인되고 인정이며 인심이 올올이 새겨진 것이다. 그래서 우리 고장의 바다는 역사박물관이 되고 또 민속의 자료집, 곧 아카이브가 되었다. 결코, 절대로 외딴 곳이 아니다.

　어찌 그뿐이던가! 바다 경관의 주옥편을 엮어온 것이 또한 우리의 섬들이다. 가령 영남에서는 연화도의 동머리, 수우도의 해골바위 등은 바위 조형의 주치로서 우리들의 경탄은 극에 다다를 것이다. 또한 아열대 식물의 북방한계선 안답게 육상에서는 못 볼 푸나무들, 예컨대 대소풍란과 콩란 등의 화훼식물, 그리고 팔손이, 잡밤나무, 모감주나무, 가시나무 등의 수목군들…….

　호남쪽의 남해에서는 오동도며 나라도, 그리고 노화도며 보길도 등이 모두 내로라하는 섬들이다. 그 중에서도 보길도는 고산 윤선도가 유토피아를 구현하면서 섬이 인간정서며 서정의 텃밭일 수 있음을 보여준 곳이다.

　이야기는 끝이 없다. 어족은 또 어떤가. 봄 도다리, 가을 감성돔은 새삼 말할 것도 없거니와 뽈락 빛깔이며 모양새라도 제대로 보고 입맛이라도 제대로 다실려면 단연 우리들의 섬으로 가야 한다. 딱, 털찌 등의 갑각류는 딴 곳에선 이름도 못 들어 보았으리라. 자주빛 서슬에 청옥색 석모가 어울리면 이들 해초만으로도 색감이 살려진 미각의 절정에 오르리라.

자연 조형이며 경관에서 역사, 식물, 어족, 해초 등에 이르도록 두루 귀하고도 색다른 것들의 보물단지 아닌 보물바다가 우리의 남해 바다다. 그것들이 어울려서 사철 기온이 덥지도 춥지도 않은 천하제일급의 휴양지를 이루고 있으니, 더 무엇을 바라랴.

이 한 권의 책은 그 보물단지 남해의 섬들이 우리를 부르는 초청장을 겸하고 싶다. 그것은 누리는 사람에 따라서 정서적 완숙에의 권유, 정신적 풍요에의 권유, 그리고 영혼의 안식에의 권유이기를 우리의 섬들과 함께 바라고 또 축수한다.